P. Marillier, inv.

P. Duflos le Jeune sc.

LES PRÔNEURS,

OU

LE TARTUFFE

LITTÉRAIRE,

COMÉDIE

EN TROIS ACTES, EN VERS.

Par M. DORAT.

Le Philosophe est seul, & l'Imposteur fait Secte.

Voltaire.

EN HOLLANDE,

Et se trouve à PARIS,

Chez DELALAIN, Libraire, rue & à côté de l'ancienne Comédie Françoise.

M. DCC. LXXVII.

AVANT-PROPOS.

QUELQUES gens bien intentionnés ont répandu que cette Comédie étoit une Satyre personnelle. Pour toute réponse, je la fais imprimer.

Depuis trois ans qu'elle est faite, je ne me suis occupé, ni de la lire aux Comédiens, ni d'en hâter la Représentation. En dépit qu'on en ait, le Public rassemblé est quelquefois malin; &, comme je n'ai garde de l'être, j'ai été bien-aise d'échapper à l'injustice des interprétations.

Le rôle de Callidès est, en quelque sorte, l'assemblage de plusieurs traits, saisis d'après un coup d'œil général, & réunis sur un seul Personnage. J'ai formé un tableau de nuances éparses sur différens modeles.

Je plaindrois celui à qui pourroit convenir un pareil caractere. S'il n'étoit qu'une production de la haine, il seroit manqué : la haine voit & inspire mal. On a tâché de me nuire ; je n'ai voulu que m'amuser.

C'est à peu près tout ce que j'ai recueilli jusqu'ici du très-foible talent que j'ai reçu de la nature ; & c'est bien quelque chose.

Quand j'ai entrepris d'esquisser le ridicule des

Prôneurs, j'ai jetté les yeux fur toute la maffe de la Société, & je me fuis apperçu que c'eft un des travers dominans qui y regnent aujourd'hui.

On prône à tort & à travers, aux dépens de qui il appartiendra. Des Enthoufiaftes fans nombre, & fi peu de Juges! voilà ce que j'ai vu, & ce que j'ai tâché de peindre.

De tems en tems il s'éleve, comme par miracle, des Hommes *divins* qui apparoiffent tout-à-coup avec leur génie de la veille, des talens tout neufs, & de très-vieilles prétentions. C'eft le prodige du jour; il faut bien qu'on en raffole. Il n'eft queftion que d'eux dans les cercles & aux foupers. Quelques mois après, ces Météores brillans, ces petites Cométes littéraires s'éclipfent pour faire place à d'autres, qui éblouiffent de même, difparoiffent auffi vîte, & fe dédommagent de leur peu de durée, par la vivacité de leur éclat.

A force d'intrigues, on acquiert aujourd'hui quelque célébrité; mais il n'y a jamais eu moins de réputations.

Le Public, qui, fur-tout ici, fe laiffe tromper par nonchalance, & fubjuguer par habitude, le Public ne fait plus la loi. Il la reçoit affez volontiers de je ne fais quels Tribunaux, trop fufceptibles de paffion, pour être capables d'équité. La Renommée elle-même eſt aux gages de la prévention.

Ce n'eſt plus cette Déeſſe qui, dans ſon vol indépendant, portoit les noms fameux juſqu'aux extrémités de la terre ; elle fait ſon manége journalier dans le cercle étroit des Coteries philoſophiques, & elle croit avoir fait le tour du monde.

De-là, plus de gloire ſolide ; le cirque eſt une arêne ; les jalouſies s'allument, & Dieu ſait pourquoi !.. les haines fermentent, le talent ſe perd, le découragement naît, & l'on reſte, toute ſa vie, malheureux, médiocre & *prôné*.

Frappé de ce tableau, qui a bien ſon coin d'originalité, j'ai, autant qu'il m'a été poſſible, rapproché tout ce qui pouvoit donner au mien de la chaleur, du mouvement, de la vie, & ce degré de préciſion qui fait dire de certains portraits, qu'ils ſont reſſemblans, ſans toutefois que l'on connoiſſe les perſonnes qu'on a voulu peindre.

J'ai tâché qu'une compoſition, faite particuliérement d'après les mœurs, le ton, les *conventions* de ce pays-ci, ne fût étrangere nulle part ; c'eſt-à-dire, dans aucun des lieux, où, cultivant les Lettres, on doit être accoutumé à tous les abus qui les dégradent.

A iij

S'il y a des *Prôneurs* à Londres, à Pétersbourg, à Pékin, ils doivent ressembler, ou peu s'en faut, à ceux de ma Comédie.

Quand l'imitation est fidelle, que le trait primitif est pur, vigoureux, approfondi, pris dans le cœur humain, les différences nationales ne sont plus en pouvoir de l'altérer.

C'est l'amour-propre dont je surprends le secret à tout moment, & ce secret-là sera saisi par-tout où il y aura des hommes, intéressés à punir l'arrogance, & à humilier la présomption.

Que cette Comédie soit bonne ou mauvaise, j'en ai tiré un grand fruit pour moi ; c'est de me convaincre plus que jamais, combien l'orgueil est bête, même dans les gens d'esprit.

A force de s'exagérer son propre mérite, on l'anéantit. Tel qui pourroit obtenir l'estime, s'il restoit bonnement ce qu'il est, finit par faire pitié, en se donnant sans cesse pour ce qu'il n'est pas.

Les talens sont aussi rares que les vertus ; mais, dans les deux cas, bon Dieu ! que les masques sont communs !

Quoi qu'il en soit, en risquant cette production, je n'ai, au fond du cœur, aucune intention dont je ne puisse m'applaudir dans tous les tems de ma vie.

Si, en riant, j'ai dit quelques vérités, tant mieux. Si, par hasard, elles font quelque bien, tant mieux. Si elles m'attirent de nouveaux ennemis, tant mieux encore. Il y a des gens dont, peut-être, il faut être haï, pour avoir le droit de s'estimer soi-même.

Moliere ne s'est sûrement pas repenti de ces vers prophétiques des *Femmes Savantes*.

> Il semble à trois gredins, dans leur petit cerveau,
> Que, pour être imprimés, & reliés en veau,
> Les voilà, dans l'Etat, d'éminentes personnes;
> Qu'ils vont faire, à leur gré, le destin des Couronnes.

Ces vers-là n'ont pas tout-à-fait la fadeur des Madrigaux ; mais ils sont l'élan généreux d'un génie libre & fier, indigné du despotisme & des fureurs de la médiocrité.

Sentant, comme je le dois, l'intervalle immense de son talent au mien, j'ai du moins les mêmes vues ; j'aurai le même courage, &, je l'espere, les mêmes persécuteurs : car ces gens-là ne font que changer de forme ; ils ne meurent pas.

J'ai voulu, à tout le charlatanisme de l'esprit faux, opposer le charme & la simplicité du bon esprit ; la solidité des vrais principes, à ces systèmes éphémeres qui s'en écartent, au jargon de la mode, le langage de la nature ; & prouver, sur-tout, en dépit des Détracteurs, Novateurs, Législateurs, *Penseurs & Prôneurs*, que c'est au fond d'une ame sensible & droite, que réside la saine Philosophie.

Malheur à l'homme de Lettres qui rougiroit de ſon ouvrage ! je ſuis heureuſement fier du mien. Non que je ne le croye rempli de défauts ; mais parce que j'y ai conſacré l'indépendance que j'aime, & l'amour des vertus ſans exagération ; non que j'en attende uniquement cette gloriole littéraire, hochet fragile de la vanité ; mais parce que j'y ai développé des ſentimens qui doivent me concilier le ſuffrage des gens honnêtes, des Littérateurs courageux, & des véritables Citoyens.

E R R A T A.

Acte I. Scene premiere, *page 2.* au lieu de
Va, 'va, ils ont chez eux,
   liſez,
Vas, vas, ils ont chez eux.

Acte II. Scene II. *page* 40, tranſportez au commencement de la ligne cet hémiſtiche, *Eh ! le voici luimême*, qu'on a rejetté à la fin.

LES PRÔNEURS,

COMÉDIE.

PERSONNAGES.

M. DE NORVILLE.

Madame DE NORVILLE.

DORCI pere, *Capitaine de Vaiſſeau.*

DORCI fils, *Amant d'Hortenſe.*

HORTENSE, *Fille de M. de Norville.*

FORLIS, *Ami de Dorci fils.*

CÉLIMENE,

BÉLISE, *Prôneuſes.*

FATMÉ,

CALLIDÈS, *Chef des Prôneurs.*

L'Abbé DURCET,

FURET, *Prôneurs.*

VERSAC,

BROUSSIN, *Perſonnage ſourd, eſpece d'im-
bécille & Prôneur.*

FINETTE, *Femme de chambre de Madame
de Norville.*

La Scene eſt à Paris, dans la Maiſon de M. de Norville.

LES PRÔNEURS,

COMÉDIE

EN TROIS ACTES, EN VERS.

ACTE I.

Le Théâtre représente un Sallon. Sur le devant, on voit deux tables. Sur l'une, sont des Sphères; sur l'autre, sont des Livres, des Plans, des Compas, &c. Dans le reste de l'Appartement, on voit des Bustes & des Antiques.

SCENE I.

FORLIS, DORCI fils.

DORCI.

FORLIS, je crains pour toi leur animosité.

FORLIS.

Moi, Dorci, je la brave, & suis pour l'équité.
J'ai, tel que tu me vois, ma Tragédie en poche;
Je la lis ce matin: style, plan, tout y cloche.
C'est un croquis informe, un dessein effacé,

A

Qu'à mon frere légua quelque Rimeur glacé.
Les vers en font mal faits, les fcenes découfues ;
N'importe : l'engouement ne voit pas les bévues.

D O R C I.

Mais, de s'extafier, il leur faut des raifons :
Prends garde ; ils ont, chez eux, des efprits fins, profonds.

F O R L I S.

En petit nombre, au moins : voyons, nomme, propofe
Six de ces Meffieurs-là qui vaillent quelque chofe.
Eft-ce un Monfieur Brouffin, perfonnage important,
Arbitre fouverain, qui ne voit, ni n'entend ?
Va, va, ils ont, chez eux, je connois leur fineffe,
Des Tartuffes de goût, ainfi que de fageffe.
Me compofant d'abord un maintien férieux,
Je les étonnerai par mon refpect pour eux.
Je tiens déjà leur chef. Fiers d'établir un culte,
Ils font très-indulgens, pourvu qu'on les confulte.
Eh ! ne nous ont-ils pas vanté cent fois & plus,
Des vers, foi-difant chauds, qui nous ont morfondus ?
Tout cela, tu le fais, vu par l'Aréopage,
N'a pas vécu, deux mois, malgré tout leur tapage.
Eh bien ! ma Tragédie aura le même fort ;
Mais je te jure, au moins, qu'ils paieront cher fa mort.

D O R C I.

Toi, qui ne prétends point au Laurier littéraire,
Explique-moi pourquoi tu leur es fi contraire ?
Déconcertant leur ton, par un ton plus léger,
Forlis, il faut en rire, & non pas s'en venger.

FORLIS.

S'ils n'étoient qu'entêtés, impérieux & tristes,
Détracteürs indiscrets, ou faux Panégyristes,
Passe encor : mais, j'ai su mieux connoître mes gens ;
Je tolere les sots, & poursuis les méchans.
Et l'on sait s'ils le sont. Egoïstes suprêmes,
LeurDieu,c'est l'intérêt;ils n'aiment rien qu'eux-mêmes.
Quelque prix qu'il en coûte, ils veulent dominer,
Attirent pour corrompre, & prônent pour regner.
L'art qui les rend fameux répugne trop au nôtre.
Echauffer un succès, en refroidir un autre,
Selon leurs passions, leur but & leurs desirs ;
Voilà leur douce étude & leurs nobles plaisirs.
Ce trafic effronté de louange & de blâme,
De tout tems, j'en conviens, a révolté mon ame:
Elle est sensible & franche ; elle ne peut souffrir
Qu'on veuille la tromper, la contraindre, ou l'aigrir.
Dans la société, je vois, avec colère,
Ou le mal qu'ils ont fait, ou le mal qu'ils vont faire.
Plusieurs de mes amis, éclairés, vertueux,
D'injustice & d'affronts sont accablés par eux.
Ils ont approfondi la science maudite
De renfler, par des mots, le plus frêle mérite ;
D'écarter, ou plutôt d'étouffer, en naissant,
Tout esprit qui répugne à leur ton caressant ;
Pour exalter un fat, qui les voit, les encense,
Et fait, incognito, grand honneur à la France.
Se disant consommés dans l'art de s'abstenir,
Ils sont les plus ardens, s'il s'agit d'obtenir.

Comment, après cela, veux-tu qu'on leur pardonne?
Pourquoi les épargner? ils n'épargnent personne.
C'en est fait, & je veux, marquant enfin leurs rangs,
En bon Républicain, détrôner des tyrans.

DORCI.

Ils ont de l'influence, & même de l'empire:
Des Proneurs en crédit.

FORLIS.

                    En ont sur-tout pour nuire.
Eh bien! c'est ce crédit, mon cher, à qui j'en veux,
Et, plus ils sont puissans, plus je suis courageux.
Quels ont, jusqu'à présent, été leurs adversaires?
Des hommes méprisés, des brigands littéraires.
Pourroient ils, entre nous, appréhender les traits
D'un méchant démasqué, flétri par un succès,
Possédant le talent & le secret uniques
D'ennuyer tout Paris, par des vers satyriques?
Craindroient-ils ce pédant, bavard de son métier,
Qui, sur un hémistiche, écrit un mois entier?
Pédagogue, échappé des ombres de l'école,
Zoïle par le fait, & Boileau sur parole:
Pauvre diable, trop vil pour être combattu,
Qui prépare, sans fruit, des poisons sans vertu;
Reptile malheureux, né des flancs de l'envie,
Et qu'elle-même attache au laurier du génie?
Aujourd'hui, j'ai pour moi l'autorité des mœurs.
Dorci, l'estime est tout; qu'importent les rumeurs?
Mais, quel motif, toi-même, à leur sort t'intéresse?

Madame de Norville eſt pour eux dans l'ivreſſe :
Tu prétends à ſa fille, & , te croiſant toujours,
Callidès va, d'un mot, traverſer tes amours.

DORCI.

Oh! dans ce moment-ci, j'uſe d'une recette,
D'un aſſez bon reſſort, inventé par Finette.
Elle veut, qu'à mon tour, j'exerce nos Prôneurs,
Et que d'un Ecrivain j'aye auſſi les honneurs.
Empruntant quelques vers, j'aurai mille avantages.
Que d'Auteurs, après tout, n'ont pas fait leurs ouvrages!
Ce Poëte eſtimé, que l'on déprime ici,
Floridor, pour cela, m'a volontiers ſervi.
Nous attendons l'effet, & j'ai quelque eſpérance :
Par-là, plus librement, jè pourrai voir Hortenſe.

FORLIS.

Son intérêt, le tien, ſont deux motifs de plus.
Finette, je parie, a bien ſenti l'abus
De cette ſotte engeance : il faut nous en défaire,
Et les chaſſer d'ici, puiſque tu veux y plaire.

DORCI.

Mon pere doit parler.

FORLIS.

                    Sera-t-il écouté ?
Je n'en crois pas un mot.

DORCI.

                    Mais il eſt entêté.
Aguerri ſur les mers, il ſait braver l'orage.

Et vient décidément preſſer mon mariage.
Je compte là-deſſus.

FORLIS.

Bon! il ne pourra rien.
Je n'y connois qu'un art, & cet art, c'eſt le mien.
(*tirant ſa montre.*)
Voyons: mon heure approche. On entre: c'eſt Norville,

DORCI.

Et mon père avec lui... Je ne ſuis pas tranquille,
J'attends....

FORLIS.

Moi, je vais lire, avec ſécurité,
Un Drame... trop mauvais, pour n'être pas goûté.
(*il ſort.*)

SCENE II.

M. DE NORVILLE, DORCI pere, DORCI fils.

DORCI pere.

Ah! te voilà! Bon jour. D'où vient cet air timide?

DORCI fils.

Je crains....

DORCI père.

C'eſt fort mal fait; il faut être intrépide:
(*à Norville, en riant.*)   (*à ſon fils.*)
Vois cet étourdi-là... pas mal tourné... crois-moi,
Va rêver à ta belle; on va parler pour toi.

SCENE III.
DORGI pere, M. DE NORVILLE.

DORCI.

J'AI jetté l'ancre : allons, mes courses font finies.
J'ai visité nos ports, j'ai vu nos colonies,
Et je touche au repos que je m'étois promis.
Il est si consolant de revoir ses amis !
Elle date de loin notre amitié.... Norville,
Il faut la resserrer, & rien n'est plus facile.
Nous avons, tu le sais, deux Amans à pourvoir.
Ton Hortense & mon fils n'ont encor que l'espoir.
Il est tems qu'en effet leur bonheur s'accomplisse :
L'Amour les assortit, que l'Hymen les unisse.
Un tel engagement ne peut être qu'heureux :
Il est devoir pour nous, s'il est plaisir pour eux.

NORVILLE.

A cet engagement je veux être fidele,
Et ton impatience est assez naturelle.
Mais, depuis ton départ, tout a changé de ton ;
Et tiens, je ne suis plus maître dans ma maison.
Des vrais Littérateurs j'estime les lumieres ;
Je prise leurs travaux ; leurs veilles me font cheres.
En charmant nos loisirs, ils font nos bienfaiteurs :
Les bons livres, pour moi, font des consolateurs :
Mais l'abus de l'esprit, sa morgue insociable,
Est de tous les abus le plus insupportable :

A iv

Il seche & corrompt tout ; sa triste aridité
Détruit la confiance & la simplicité.
Ma femme, que tu vis douce, aimable, enjouée,
N'est plus qu'une pédante, aux chimeres vouée ;
Dogmatisant sur tout, jargonnant sur les arts,
Et m'ennuyant, Dieu sait, dans ses doctes écarts !
Elle est folle aujourd'hui de certains personnages,
Des prêtres déguisés, qu'elle transforme en sages ;
De ces gens exclusifs, inquiets, turbulens,
Appuis de l'influence, & fléaux des talens.
De leurs principes faux la tête est enivrée.
Madame les admire, elle en est admirée.
Rien ne se dit chez moi, qui ne soit merveilleux ;
Elle ne voit, ne sent, ne juge que par eux :
Ou bien, si sa raison a l'air de s'en défendre,
C'est, par sa vanité, qu'ils ont l'art de la prendre.
On érige en miracle un billet qu'elle écrit :
Les bourreaux m'ont gâté son cœur & son esprit!
Un certain Callidès, sur-tout... plein de finesse,
De pénétration, de ressources, d'adresse,
Homme très-délié, je le nierois en vain ;
Mais, dupe quelquefois, à force d'être vain !

D O R C I.

Tout cela ne fait pas, qu'en son impatience,
Mon fils,tout bonnement,n'aime & n'épouse Hortense.

N O R V I L L E.

Votre fils est aimable, il est rempli d'honneur ;
Mais, malheureusement, il n'est point un Penseur.

DORCI.

Vraiment, je voudrois bien qu'il s'avifât de l'être
Il ne s'y jouera pas; il fait trop me connoître:
Je ne l'ai point inftruit à penfer plus que moi.
Qu'il ferve fon pays, fe batte pour fon Roi.
Qu'il foit loyal, humain, s'exprime avec fon ame;
Qu'il aime fes amis, fes devoirs & fa femme!
Voilà les fentimens qu'on lui fut infpirer,
Et Dorci les aura, j'ai lieu de l'efpérer.
Mon éducation fut un peu négligée;
La fienne eft plus brillante, & fut mieux dirigée.
Avec de la franchife on n'a befoin de rien:
C'eft mon fyftéme, à moi; mais la grace fied bien.
Il en a, j'en conviens; il adore Julie,
Et je fuis le valet de la Philofophie.
Elle a beau m'étaler fes auguftes appas,
L'Amour eft fon ancien, il doit avoir le pas.
Ufe d'autorité.

NORVILLE.

Quel conte! avec ce ftyle,
Contre moi je mettrois & la Cour & la Ville.
Ma femme tient à tout.

DORCI.

Oh! comme il lui plaira;
Mais, puifque tu confens, mon fils époufera.
Il eft tems qu'à mon tour j'exige quelque chofe.

NORVILLE.

Encore un coup, fur moi, que ton cœur fe repofe;

La modération est l'art qui m'appartient.
La violence aigrit, & la douceur obtient.

DORCI.

Bah! à ta place, moi, j'enverrois tout au diable,
Ma femme & ses docteurs.

NORVILLE.

Parti fort raisonnable!

DORCI.

La modération n'est point de mon ressort:
Qui s'emporte a raison, & la foiblesse a tort.
(*on entend des applaudissemens derriere le Théâtre.*)
Quel est donc ce train-là? le plaisant tintamarre!

NORVILLE.

Je ne suis pas surpris qu'il t'ait paru bisarre.
(*les applaudissemens recommencent.*)

DORCI.

Il redouble!

NORVILLE, (*à part.*)

Ah! vraiment, l'ouvrage a réussi.

DORCI.

L'ouvrage!.. encore un coup, qu'est-ce donc que ceci?
Sommes-nous chez des fous, ou suis-je chez Norville?

NORVILLE.

Chez des fous.

DORCI.

Ton humeur est aussi trop facile.

NORVILLE.

C'eſt une Tragédie.

DORCI.

Après ?

NORVILLE.

Qu'on applaudit.

DORCI.

Quoi ! l'on joue à cette heure ?

NORVILLE.

Eh ! non pas ; mais on lit.

DORCI, (*riant avec éclat.*)

Tu ne plaiſantes pas ? la burleſque aventure !
Oh ! c'eſt être endiablé de la littérature.

NORVILLE.

Que veux-tu ? C'eſt, dit-on, un chef-d'œuvre divin,
Que l'on ne peut, mon cher, admirer trop matin.
En rêvant, (tu me vas taxer d'extravagance)
Ma femme, cette nuit, ſe récrioit d'avance :
Elle battoit des mains.

DORCI.

Cette nuit ! tout de bon !
Et tu ne voudras pas la mettre à la raiſon ?
D'un ſommeil ſi bruyant prévenir la tempête,
Et l'apprendre à rêver, ſans te rompre la tête ?
Le bel eſprit eſt certe un étrange tourment !
Corbleu, c'eſt bien le moins qu'on ſoit bête en dormant.

NORVILLE.

Le bruit ceffe.

DORCI.

Tant mieux.

NORVILLE.

La lecture eft finie.

DORCI.

Pefte foit du Lecteur, & de fon beau génie!

SCENE IV.

Les mêmes, **FINETTE.**

FINETTE.

Ah! Monfieur, je me meurs!

DORCI.

De quoi donc?

FINETTE.

C'eft d'ennui!

NORVILLE,

Ç'étoit le mal d'hier.

FINETTE.

C'eft le mal d'aujourd'hui.

Je me fuis attachée au trou de la ferrure,
Pour tâcher d'attraper ma part de la lecture.
L'Auteur, comme un démon qu'on vient de conjurer,
Dans l'endroit le plus tendre avoit l'air de jurer.

Quelquefois, recueilli dans une horreur profonde,
Il pouſſoit les ſanglots les plus plaiſans du monde,
Et, culbutant ſoudain des cieux, ſur des hélas!
Pour attendrir le cercle, il ſe tordoit les bras.
Je crois le voir encor!... Quant à la Tragédie,
Jamais on ne brocha pareille rapſodie.
C'eſt un vilain Corſaire, amoureux, comme un fou,
D'un minois africain, tombé je ne ſais d'où.
Un grand flandrin de Prince arrive à la traverſe;
Quand il voit ſon rival, il tombe à la renverſe:
On le releve, il pleure, il gémit; & pourtant,
Le Corſaire intéreſſe un peu plus que l'Amant.
C'eſt-là le coup de maître!.. Et puis viennent les crimes,
Des ſpectres voltigeans ſur le bord des abimes;
Une Dame voilée, une autre...... & cœtera.
Mon Dieu! les ſottes gens que tous ces Héros-là!
N'importe; on s'extaſie, & le délire entraîne.
Béliſe & Célimene en auront la migraine.
» Moi, dit l'une, j'ai cru périr au dénouement!
» Oh! l'admirable horreur, dit l'autre, en graſſeyant.
» Que l'on plaint ce Tyran étouffé dans la foule!
» Ce bûcher de la fin, fait venir chair de poule.
» On n'entend rien au nœud, tant il eſt bien formé!
» Le cinquieme Acte étonne.. Ah! comme il eſt rimé!»

NORVILLE.

Finette, c'eſt aſſez.

DORCI.

Parbleu, laiſſe-la dire.

FINETTE.

J'ai tant bâillé, Monsieur, qu'il m'est permis de rire.

DORCI.

Est-elle à votre femme ?

NORVILLE.

Oui.

DORCI.

J'aime son minois.
Et comment donc, sur elle, a pu tomber le choix
De ton illustre épouse ?

NORVILLE.

En tout son esprit brille ;
Elle flatte la mere, & ne sert que la fille.

DORCI.

Une telle conduite est pleine de bon sens.
Elle juge à merveille, & peint très-bien ses gens.
Pour ce double mérite, il faut que je l'embrasse.

FINETTE.

Moi !

DORCI.

Toi. Je ne suis point un Lecteur à la glace ;
Mais un brave Marin, ardent & résolu,
Qui ne démâre point de ce qu'il a voulu.

FINETTE.

Monsieur est dans le vrai.

DORCI.

Mais, oui, j'ai des principes.

FINETTE.

Oh! cela faute aux yeux......

DORCI (*embrasse Finette malgré elle.*)

NORVILLE, (*en riant.*)

Comme tu t'émancipes!
Chut. La docte cohue approche de ces lieux.

DORCI, (*ramassant son chapeau qu'il
a laissé tomber en embrassant Finette.*)

Et moi, très-brusquement, je te fais mes adieux.

SCENE V.

Madame DE NORVILLE, CÉLIMENE,
BÉLISE, CALLIDÈS, BROUSSIN,
l'*Abbé* DURCET, VERSAC,
FATMÉ, FORLIS.

(*Broussin s'assied seul, appuyé sur sa canne. Versac
réfléchit profondément.*)

CÉLIMENE, (*à Callidès.*)

Parlez - donc.

BÉLISE.

Prononcez.

FATMÉ, (*en grasseyant.*)

Rompez ce dur silence,

Madame DE NORVILLE.

Eclairez, dirigez ma foible intelligence,

CALLIDÈS.

Mesdames.... c'est un pas que Melpomene a fait.

FATMÉ, (*en graſſeyant.*)

Le jugement est juste.

DURCET.

Et le mot est parfait.

Madame DE NORVILLE, (*regardant Forlis.*)

C'est un vrai phénomene! il faut qu'il aille aux nues.

BÉLISE.

Que de ſenſations..... juſqu'alors inconnues!

FATMÉ.

Une touche ſi fine!

Madame DE NORVILLE.

Un faire ſi moëlleux!

CÉLIMENE.

L'enſemble !

BÉLISE.

Les détails!

Madame DE NORVILLE.

Le ſtyle merveilleux!

Avez-vous remarqué ces nuances légeres ,
Et l'art approfondi dans ſes moindres myſteres?
Juſqu'à ce Roi cruel , tout a ſu m'attendrir.

FATMÉ. (*en graſſeyant.*)

Tenez, j'ai le cœur gros de l'avoir vu mourir.

Madame

Madame DE NORVILLE, (*criant très-fort à l'oreille de Broussin.*)

Que dites-vous, Monsieur, de cette Tragédie ?

BROUSSIN, (*se levant comme pour sortir, & frappant le plancher avec sa canne.*)

Dialogue piaisant !... Très-bonne Comédie !

FORLIS, (*étonné.*)

Hem !.....

Madame DE NORVILLE.

Paix donc.

CÉLIMENE.

Il est sourd ; n'importe, il s'y connoît: C'est convenu.....

FORLIS.

Mais.....

Madame DE NORVILLE.

Quoi !

FORLIS, (*montrant Versac.*)

Monsieur est-il muet ?

VERSAC, (*sortant de sa rêverie.*)

Je parle peu, Monsieur.

(*Versac & Durcet se disent quelques mots bas ; Broussin prête l'oreille.*)

Madame DE NORVILLE.

Oh ! point de défiance !

B

BÉLISE.

Eh quoi ! n'avez-vous pas entendu son silence ?

DURCET, (*à Forlis.*)

Vous allez me causer un terrible embarras ,
Votre chef-d'œuvre, & vous !

FORLIS.

Je ne vous comprends pas.

DURCET.

C'est qu'ayant la voix forte , & l'accent pathétique ,
On veut bien m'employer, comme Prôneur tragique.

FORLIS.

Votre organe est trop beau pour de foibles essais.
Ne vaudroit-il pas mieux s'en remettre au succès ?

DURCET.

Non , non , du grand Moteur la clémence infinie
M'a donné des poumons en faveur du génie.
Oh! de vous bien louer, je me fais un devoir ;
Et vanter les talens . . . . . .

FORLIS, (*à part.*)

Dispense d'en avoir.

BROUSSIN, VERSAC & DURCET (*sortent en
donnant des signes d'approbation. Madame de Norville, par des gestes, a l'air de leur recommander
Forlis.*)

SCENE VI.

Les mêmes, excepté BROUSSIN, VERSAC & DURCET.

(Les femmes, dans cette Scene, font affifes.)

FORLIS.

MESDAMES, à propos, irez-vous voir la Piece
Qu'aujourd'hui l'on nous donne?

Madame DE NORVILLE.

Ah! la belle fineffe!

FATMÉ. *(en graffeyant.)*

Un Ouvrage fans titre.

CÉLIMENE.

Il eft de Floridor.

CALLIDÈS, *(d'un ton pénétré.)*

L'infortuné l'avoue.

FORLIS.

Il écrit bien.

Madame DE NORVILLE, *(lui faifant figne.)*

Encor?

Ce Floridor, Monfieur, eft, dit-on, très-honnête,
Mais, c'eft un homme, au fait, qui n'a rien dans la tête:
Qui, de fes vieilles mœurs, toujours enveloppé,
Vit obfcur, &, chez moi, n'a point encor foupé.

B ij

FORLIS.

Basse Littérature !....

BÉLISE.

Il croit qu'on veut lui nuire. . . :

CALLIDÈS.

Il faut lui pardonner, le plaindre & l'éconduire.
Se ressouviendra-t-on qu'il ait même existé ?

Madame DE NORVILLE.

Comme il parle toujours avec humanité !

FATMÉ.

Charmant !

Madame DE NORVILLE, (*montrant Callidès.*)

C'est notre oracle,

BÉLISE.

Et notre unique arbitre.

CÉLIMENE.

Notre guide.

Mad. DE NORVILLE, (*cherchant dans ses poches.*)

A présent ... Bon ! je n'ai point l'Epítre.
Je dois en convenir, elle a su m'enchanter :
C'est du Chaulieu tout pur, & l'on peut la vanter.

BÉLISE.

L'Auteur ?

Madame DE NORVILLE.

C'est... c'est Dorci ; ce n'est plus un mystere.

FATMÉ, (*parfilant.*)

Ce jeune homme fi doux, qui ne fait que fe taire?

Madame DE NORVILLE.

Oui; le fils du Marin, fi fameux fur les flots.

CÉLIMENE, (*faifant des nœuds.*)

Mais, odieux fur terre.

FATMÉ.

Efpece de Héros,

Se battant, fans efprit,

BÉLISE.

Dont le babil affomme,

CÉLIMENE.

Qui n'analyfe rien, & fe croit un grand Homme.

Madame DE NORVILLE.

Oui, vous dis-je; & les vers m'ont paru bien phrafés.
Pas un feul lieu commun; point de ces traits ufés...
On m'y traite d'Hébé.

CÉLIMENE.

L'apoftrophe eft brillante.

Madame DE NORVILLE.

Oh! la petite Epître eft vraiment très-faillante.

FATMÉ.

Je brûle de la voir.

Madame DE NORVILE.

Dans le monde, à propos,
Vous vous fouviendrez donc d'en glifferquelques mots?

FATMÉ.

Mille.

CÉLIMENE.

Comptez sur nous.

BÉLISE, (*se levant.*)

En honneur, on s'oublie.

(*tout le monde se leve.*)

FATMÉ.

Dans ces entretiens-là, je passerois ma vie.

BÉLISE.

De moment en moment, on y sent ses progrès.

CÉLIMENE.

Les plaisirs de l'esprit ont de puissans attraits.
(*à Forlis.*)
Adieu, Monsieur, songez que vous êtes unique.

FATMÉ.

Ne l'oubliez jamais, & bravez la critique.

(*Célimene, Bélise & Fatmé vont pour sortir, Madame
de Norville les arrête.*)

Madame DE NORVILLE.

Mesdames, notre zele, est, je crois, engagé.
Par nous toutes, Forlis doit être protégé.
Il est essentiel que son nom s'accrédite :
Même, avant de le lire, il est bon qu'on le cite.
Il faut que tout Paris se l'arrache demain,
Et je sais que la Cour doit le trouver divin.

BÉLISE.

Il l'eft.

CÉLIMENE.

Affurément.

FATMÉ.

Il nous croira, j'efpere.

FORLIS.

Trop heureux, fi j'ai pu réuffir à vous plaire !

(Célimene, Bélife & Fatmé fortent. Finette entre, &
vient parler à l'oreille de Madame de Norville.)

SCENE VII.

Madame DE NORVILLE, CALLIDÈS,
FORLIS, FINETTE, (*dans le fond.*)

CALLIDÈS.

JE vais faire partir mes paquets pour Pekin,
Car le Chinois fe forme.

Madame DE NORVILLE.

(*à Callidès.*)   (*à Forlis.*)
A ce foir..... à demain.
Pour diner avec moi, ces étrangers m'attendent,
On fait que, pour nous feuls, en France ils fe répandent.

(*à Callidès.*)
Et j'efpere qu'un jour, grace à votre maifon,
L'Europe adoptera les mœurs de ma maifon.

SCENE VIII.

FINETTE, *(feule.)*

Bon! la voilà qui part avec le grand Arbitre....
J'ignore quel effet aura produit l'Epître.

SCENE IX.

HORTENSE, FINETTE.

HORTENSE,

Ah! Finette, c'eft vous, de grace, allez favoir ...

FINETTE.

Quoi!

HORTENSE.

Si ma mere eft libre, & fi l'on peut la voir.

FINETTE.

Elle fort à l'inftant; croyez-moi, rien ne preffe.

HORTENSE.

Mais . . . . .

FINETTE.

Laiffez-là, vous dis-je, exhaler fon ivreffe.
Madame, jufqu'ici, ne vous a donc rien dit,
Ne vous a point parlé fur un certain écrit?

HORTENSE.

Non; je fais feulement, que, même avec myftere,

Elle s'eſt renfermée avec ſon ſecrétaire.

FINETTE.

(*à part.*) (*haut.*)

A merveille ! .... avant peu , vous ſaurez ce que c'eſt.

HORTENSE.

Pourquoi me le cacher ?

FINETTE.

C'eſt encore un ſecret.

HORTENSE.

Ce qui n'en eſt pas un , c'eſt . . . . .

FINETTE.

Quoi !

HORTENSE.

L'indifférence
De Monſieur de Dorci , ſa froideur , ſon ſilence.

FINETTE.

Oh ! vous avez raiſon ; il faut gémir , pleurer :
Il eſt même aſſez doux de ſe déſeſpérer.
Si cela n'eſt pas gai , cela tient en haleine.
L'Amour s'endort bientôt , s'il n'a point quelque peine.

HORTENSE.

Tu plaiſantes toujours. Je ſors.

FINETTE.

Oh ! je vous ſuis :
Je crains de vous laiſſer à vos tendres ennuis.

SCENE X.

DORCI pere, DORCI fils, HORTENSE, FINETTE.

DORCI fils, (*s'élançant vers Hortense.*)

MADEMOISELLE!.. ô Ciel!.. Finette!

FINETTE, (*en s'en allant.*)
Point d'affaire.

Nous boudons.....

SCENE XI.

DORCI pere, DORCI fils,

DORCI pere.

IL paroît que le vent t'est contraire :
Mais va, console-toi, je vais tout hasarder.
Quand la manœuvre est bonne, on est sûr d'aborder.
Tiens la mer : ce n'est-là qu'un nuage qui passe.
Au fort de la tourmente, on songe à la bonace.
La navigation ressemble à tes amours.
Les ouragans, l'espoir, puis, enfin, les beaux jours.

(*à son fils qui paroît distrait.*)

Tâche de m'écouter ; mon fils, causons ensemble.
Connois-tu bien les gens que ce séjour rassemble ?

DORCI fils.

Ce font de grands efprits, de fameux Ecrivains,
Des Philofophes . . . . .

DORCI pere.

Bah ! des mortels les plus vains,
Qu'il faut fuir, entends-tu ? . . c'eft moi qui te l'ordonne,
Et ton pere, en vouloirs, ne le cede à perfonne.
Pauvre dupe ! à ce piege il étoit déjà pris !
Tous ces Phœnix, pourtant, dont tu parois épris,
A peu de frais, dit-on, ont fait tourner vos têtes :
Ils font pétris d'orgueil, & l'orgueil les rend bêtes.
Que font-ils de fi beau pour la fociété ?
Avec tout leur favoir & leur capacité,
Ils cabalent entr'eux, n'élevent rien, détruifent ;
Profcriroient volontiers ceux qui les contredifent ;
Réforment, Dieu fait comme ! & , toujours réformant,
Nous enlevent nos freins, furtout notre enjouement.
Moi, tout ce que j'entends, me confterne & m'étonne.
Vous ne poffédez plus qu'un jargon monotone,
Un efprit fec & dur, de la morgue, des mots ;
Des charlatans enfin, écoutés par des fots.
Où font donc ces clartés fi frappantes, fi vives ?
Des Docteurs, il en pleut ! . . mais, où font vos convives ?
Depuis qu'on ne boit plus, tout va de pis en pis.
La rage calculante a glacé tout Paris.
Nos Ancêtres étoient des gens d'une autre étoffe.
Va, mon fils, l'honnête homme eft le feul Philofophe.

DORCI fils.

Ceux que vous attaquez font par-tout révérés.

DORCI pere.

Révérés?...craints des uns, des autres abhorrés;
Voilà le vrai, Monfieur l'admirateur crédule.
On m'avoit, en paffant, tracé leur ridicule,
Même plus d'une fois : mais ces récits confus,
Effleurant mon efprit, n'y tenoient déjà plus.
Norville, tout-à-l'heure, & Norville eft fincere,
M'a remis au courant : toi, fi tu veux me plaire...

DORCI fils.

Quoi! des fages fameux ... des gens profonds ...

DORCI pere.

Abus!

Crains-tu de me fâcher? laiffe-là tes rébus.
Il me femble qu'ici la fageffe à la mode,
Des vices lucratifs, de grand cœur, s'accommode.
Grace à cette fageffe, on eft fat, arrogant,
Bas, & fouple au befoin, oppreffeur, intrigant,
Pliant aux tems, aux lieux, l'ame la plus fervile;
Mauvais finge à la Cour, & tyran à la Ville.
Pour mieux nuire, on fe met fous de puiffans abris;
On vend force venins, fous le beau nom d'Ecrits.
Par eux, de mille erreurs infectant la jeuneffe,
De l'Etat, que l'on trompe, on détruit la richeffe.
Au fait : je t'interdis pareilles liaifons.
N'as-tu pas mon exemple? il vaut bien leurs leçons.
Que l'inftinct des vertus, les foins patriotiques,
T'éclairent fur l'efprit de ces froids Empiriques.
J'ai faifi, dès long-tems, cette vérité-là.

(*mettant la main sur son cœur.*

A-t-on besoin d'un guide? il faut le chercher là.

Il s'en échappe un cri, vainqueur de l'imposture,

Et l'on y trouve un code écrit par la nature.

Je ne suis pas savant; mais, fidele à l'honneur,

Pour ne pas m'égarer, j'ai consulté mon cœur;

Ses mouvemens sont francs, ce sont ceux-là que j'aime:

L'attrait d'une ame droite, est plus sûr qu'un système.

Crois mon expérience, embrasse mes travaux;

Sois fier avec les grands, doux avec tes égaux.

Ce sont des titres vrais que cherche un vrai mérite.

Je prétends qu'on t'estime, & non pas qu'on te cite.

(*le serrant contre son sein.*)

Jure, jure, en mes bras, de quitter les drapeaux

De ces fourbes adroits, devenus tes héros.

Ne va point me donner, au terme de mon âge,

Le chagrin de te voir trancher du personnage;

Immoler, & pour qui, cette simplicité,

Sauve-garde des mœurs, chere à la probité;

Et, perdant la candeur, qui dans toi m'intéresse,

D'un ton préceptoral, régenter ma vieillesse.

D.ORCI fils.

Moi, mon pere! qui, moi!… dirigez votre fils;

Je n'apprendrai jamais qu'à vous être soumis.

DORCI pere.

Bon, cela. Reste à voir Madame de Norville.

Il faudra bien, morbleu, qu'elle change de style.

Hortense t'est promise, & tu l'auras : je vais

De la bonne façon plaider tes intérêts :
Mais, ne l'abufe point par une foi trompeufe ;
Et, même après l'Hymen, fonge à la rendre heureufe,
A prévenir fes vœux, à contenter fes goûts ;
Au lieu d'un efprit fort, il lui faut un Epoux.
N'imite pas ces gens, vantés pour leur belle ame,
Qui croiroient s'abaiffer, s'ils aimoient trop leur femme.

DORCI fils.

Ah! je fais le ferment.....

DORCI pere.

Viens, baife-moi, fripon.
Je vais trouver la mere, elle entendra raifon.

Fin du premier Acte.

ACTE II.

SCENE I.

CALLIDÈS, (*observant long-tems Forlis, avant que de parler.*)

FORLIS, (*d'un air soumis & respectueux.*)

CALLIDÈS.

Vous avez l'esprit juste, & cet utile ensemble,
Qui joint les fils épars que le travail assemble.
Vos crayons sont précis, & vos traits prononcés.
Vous marchez sur les pas que nous avons tracés,
Et n'êtes point sujet aux écarts du génie :
Vous l'avez bien prouvé par votre Tragédie.
Mais le talent n'est rien, & la conduite est tout.
Il faut vous observer sur vos regles de goût,
Changer d'opinions, fronder les plus admises,
Du vieux Littérateur dépouiller les sottises.
Prenez garde, Monsieur, le siecle est avancé.
Nos Ayeux écrivoient, & nous avons pensé.
De certains préjugés il faudra vous défaire.
Voyons : sur les Auteurs que l'Europe révere,
Estimés autrefois, modeles soi-disans,
Dans ces jours de raison, quels sont vos sentimens ?
Du point d'où vous partez, pesez les convenances,

Mefurez les progrès, & jugez les diftances.

FORLIS.

En matiere de goût, fi vous le trouvez bon,
Je juge par l'inftinct, plus que par la raifon.
Ce qui me plait eft bien, c'eft ma feule réponfe.
Oui, c'eft toujours chez moi, le plaifir qui prononce;
Et la réflexion a fouvent confirmé
Cet attrait d'un efprit facile & défarmé.
J'en conviens à ma honte, il ne peut, quoi qu'il faffe,
Soumettre à l'examen ce qui tient à la grace.
C'eft ce duvet fragile, à la fleur attaché,
Qu'on ne retrouve plus, fi-tôt qu'on l'a touché.
Par exemple, eft-ce à moi de rifquer un fuffrage?
Horace me paroît un véritable fage.
Il femble fe jouer autour du cœur humain;
Il y gliffe le trait, & fait cacher la main.
Virgile.... c'en eft trop pour mon infuffifance.
Revenons aux Auteurs qui font chers à la France.
Des Poëtes, Corneille eft, je crois, le premier.
Hors de l'humaine atteinte il a mis fon laurier.
Son rival que j'adore, & qu'après lui je nomme,
Sans marcher fur fa trace, eft encor un grand homme.
Je ne fais : mais, Monfieur, j'ofe eftimer Rouffeau,
Et je me fuis permis quelque goût pour Boileau.
Si je me fuis trompé, que mon guide m'éclaire.
Je marche encor dans l'ombre, & j'attends la lumiere.

CALLIDÈS.

De tout ce que j'entends, vous me voyez confus.

Tout

Tout cela fut jadis : mais tout cela n'eſt plus.
Corneille & ſes héros ſont des Energumenes.
Nous avions bien beſoin de ſes vertus Romaines !
Il n'eſt rien de plus ſot qu'un Peuple conquérant,
Et c'eſt cela qu'il peint, en nous l'exagérant.
Il a fait, ſi l'on veut, des ſcenes tolérables ;
Mais ſon ſtyle a vieilli, ſes plans ſont miſérables :
Et comme, enfin, du ſtyle on eſt ſur-tout frappé,
Racine monte au rang qu'il avoit uſurpé.
Vous aimez donc Rouſſeau ? mais c'eſt une héréſie,
Quelques pâles lueurs de vieille Poéſie :
Voilà votre Pindare, infortuné Rimeur,
Détrempant un vers ſec avec des flots d'humeur.
Boileau, correct & froid, n'eſt point du tout ſenſible :
Bardus l'a décidé ; Bardus eſt infaillible.
Tout cela, cher Forlis, eſt plus que démontré :
C'eſt de votre croyance un article ſacré ;
C'eſt l'arrêt que rendra, ſelon toute apparence,
L'autre poſtérité que nous formons d'avance.

FORLIS.

Eh bien ! moi, j'en croyois deux arbitres puiſſans.

CALLIDÈS.

Autre écart ! Qui ſont-ils ?

FORLIS.

      Le Public & le tems.

CALLIDÈS.

Le tems commence à nous, de l'inſtant où nous ſommes.

Le tems est destructeur, & nous créons des hommes.
Quant au Public, son joug vous tient-il donc courbé?
Le Public est, Monsieur, terriblement tombé.

FORLIS.

S'il s'alloit relever!

CALLIDÈS.

      Chimere! vains présages!
On ne réussit point sans l'agrément des sages.

FORLIS.

Pauvre esprit que j'étois! je m'écriois souvent:
La médiocrité domine insolemment;
Le mérite oublié languit sans récompense;
Il vit dans l'abandon, ou meurt dans l'indigence.
Des vices que j'ignore ont produit tout cela.
Nous avons des tyrans: mais le Public est-là.
Tout s'altere & périt; toute Secte est fragile:
Lui seul compose un corps qui demeure immobile.
Egaré quelquefois, & jamais corrompu,
Il aime le génie, il cede à la vertu:
Les solides honneurs, c'est lui qui les dispense:
Des réputations il tient seul la balance,
Et devient, tôt ou tard, dans ses droits affermi,
Des talens outragés, le vengeur & l'ami.
Je me disois cela: quel travers! quelle ivresse!
Ce que c'est qu'un faux pli de l'aveugle jeunesse!

CALLIDÈS.

Il faut trancher le mot: vous êtes bien gâté.

Mais le soin obtient tout de la docilité.

FORLIS.

Je m'abandonne à vous.

CALLIDÈS.

On saura vous instruire.
Vous étes bon, trop bon, & cela peut vous nuire.
Vous saurez, avec nous, ce qu'il faut dénigrer.
Vous connoîtrez les gens qu'il convient d'admirer.
Après le coup d'éclat que vous venez de faire,
Montrez-vous seulement ; le reste est notre affaire.
A tout, sans nul effort, vous ouvrant un accès,
Travaillez peu vos vers, & beaucoup vos succès.
Tenez tête au mortel qui n'a qu'un nom stérile ;
Mais rampez sous le Grand qui peut vous être utile.
Le mot d'humanité m'a fort bien réussi :
Vous pourrez, au besoin, vous en aider aussi.
Malgré ce mot, pourtant, l'autorité cruelle,
Craignant notre morale, alloit sévir contr'elle.
La tolérance alors entendit nos soupirs,
Et, couverts de son voile, on nous crut ses martyrs.
De-là notre pouvoir, long-tems problématique,
Souple dans son principe,

FORLIS, (à demi - voix.)

Aujourd'hui despotique.

CALLIDÈS.

Contre l'outrage, ainsi, quand on a su s'armer,
On parvient, à son tour, au moment d'opprimer.

Extrémité terrible, autant que nécessaire !
L'oppression, hélas ! est un droit littéraire :
Vous y viendrez un jour, pour chasser nos fléaux,
Et défendre l'esprit des attentats des sots.
Pour cela, ne cherchez que les cercles d'élite ;
Pesez, calculez tout, & même une visite.
Rien n'est indifférent : Voyez beaucoup Æglé ;
Car, il faut que de vous, chez elle on ait parlé,
Si vous voulez souper en bonne compagnie,
Et jouir des honneurs attachés au génie.

FORLIS.

Vous savez que de moi le sexe est adoré,
Quand l'esprit est chez lui par les graces paré.
Ces traits ne sont pas ceux de l'Æglé qu'on renomme.
Elle parle, elle pense, elle hait comme un homme.

CALLIDÈS.

Que trouvez-vous donc là de si fort à blâmer ?
Il faut savoir haïr, pour savoir bien aimer.
La jugez-vous, d'ailleurs, sur un bruit populaire ?
Elle a trop réfléchi, pour ne pas savoir plaire.
Embrassant, j'en conviens, des objets trop hardis,
Elle a quelques défauts ; mais elle a ses mardis.
Ce n'est que ce jour-là qu'à Paris on raisonne :
C'est, en un mot, Monsieur, les mardis qu'elle étonne.
Vous en aurez trop cru, Blunt, Ariste, Damis,
Et ces gens-là, je crois, ne sont pas ses amis.

FORLIS.

Ces gens-là m'ont pourtant paru très-estimables ;

Ce font de bons efprits ; leurs mœurs font refpectables.
Leurs écrits , en tout genre, étincellent de traits,
Et , fans nulle cabale , ils ont eu des fuccès.

CALLIDÈS.

Mais , à quoi tiennent-ils ? fe font-ils fait connoître ?
Dans nos maifons jamais les a-t-on vu paroître ?
Ces fuccès prétendus font des titres contre eux.

FORLIS.

Mon Maître , permettez . . . Ne vaudroit-il pas mieux
Que nos Littérateurs, imitant leur fageffe,
Duffent tout au talent, & rien à la foupleffe ?
Que ces rivaux unis, par le même chemin,
Allaffent à la gloire, en fe donnant la main ;
De l'émulation reffentiffent la flamme,
Non ces feux de la haine , attifés dans leur ame ?
Ne vaudroit-il pas mieux, que, plein d'aménité,
L'efprit, ce don du Ciel , fût joint à la bonté ?
Peut-être, alors, ce titre en feroit plus augufte.
Plus on eft éclairé, plus on doit être jufte.
Dieu ! je m'avance trop . . . je m'égare . . . pardon . . .
J'en ai trop cru mon cœur, pas affez ma raifon.

CALLIDÈS.

Dites-moi, s'il vous plait, l'homme aux belles chimeres,
Comment, du Peuple Auteur, faire un Peuple de freres?
De ces vifions-là qui vous a donc bercé ?
Votre cerveau, vraiment, eft un peu renverfé.
Dans la fociété , même la plus unie,
Tout fe meut par les chocs & par l'antipathie.

Sous la main du plus fort, le foible se débat.
Quand on commence à vivre, on commence un combat.
Tout est guerre ou parti: le meilleur est le nôtre;
Et pour le bien du monde, il doit écraser l'autre.
Que dis-je! c'en est fait: Forlis, ouvrez les yeux,
Voyez nos favoris, fêtés & glorieux,
Aux fastes de mémoire inscrits tous à la file,
Parler à l'univers qui se fait à leur style,
Et fouler à leurs pieds leurs rivaux abattus.

FORLIS. (à demi-voix.)

Qui n'ont que des talens, des mœurs & des vertus.

CALLIDÈS.

Notre esprit seul prévaut: ses leçons immortelles
Savent des grands objets descendre aux bagatelles.
Oisifs, ou non, la gloire a pour nous mille échos.
Mon dernier rhume, enfin, fut mis dans les Journaux.

FORLIS.

C'en est fait: je me rends; ma docile ignorance,
Après un tel discours, se soumet en silence.
Mon esprit désormais humblement vous croira,
Et vous ferez de moi tout ce qu'il vous plaira.

CALLIDÈS.

Un sage.

FORLIS.

Est-il possible? à tout je me résigne.

CALLIDÈS, (l'embrassant.)

Et voici le garant.

FORLIS.

Puiffé-je en être digne ! ...
Mais, comment ai-je pu, noble chef des Penfeurs,
Aux yeux de la fageffe expofer tant d'erreurs ?

CALLIDÈS.

Allez & profpérez.

*(Les autres Prôneurs entrent. Forlis les falue avec
l'air de la ferveur & de la plus grande humilité, & fort.)*

SCENE II.

CALLIDÈS, LA SOCIÉTÉ DES PRONEURS.

CALLIDÈS.

Messieurs, ce Profélyte
Voit fon infuffifance, & fent votre mérite....
On peut fe l'attacher.

DURCET.

A propos de cela,
Que devient donc Furet ? il devroit être là.

CALLIDÈS.

Mais il eft occupé d'une très-grande affaire.
L'iffue en eft douteufe, & je n'en attends guere.
Ce Furet, entre nous, eft un homme excellent.
Toujours allant, venant, gefticulant, parlant,
Il fait impreffion fur les plus indociles.
Nous le détacherons dans les cas difficiles.

C iv

Eh! le voici lui-même.

(Brouffin s'affied, a l'air d'écouter pendant quelque tems, & s'affoupit par intervalle.)

SCENE III.

Les mêmes, FURET.

FURET, *(effouflé, tout en eau, & fe jettant dans un fauteuil.)*

Ouf! ouf! je fuis rendu.

CALLIDÈS.

Hé bien !

FURET.

L'adreffe eft vaine, & l'efpoir eft perdu.

VERSAC.

Comment? expliquez-vous.

FURET, *(à Callidès.)*

Mêlez-vous-en vous-même.
Depuis deux jours, que dis-je? aujourd'hui, le troifieme,
Je cours pour établir, pour r'habiller encor
La réputation de ce maudit Mondor :
Rien : cela ne rend pas; on rit de mes grimaces.
Non, je n'ai jamais vu les efprits fi tenaces.
» En tout point, difent-ils, cet homme eft un oifon.
» On le fait, on le voit.»

CALLIDÈS.

Hé bien! Ils ont raifon.

Mais, Furet, prenez garde, il nous est nécessaire.
Il faut qu'il ait un nom, j'ai promis.

DURCET.

                                     Comment faire ?

FURET.

J'y renonce.

CALLIDÈS.

Songez....

VERSAC.

                              Encore un dernier soin.

CALLIDÈS.

Allons, pour le Marais nous en aurons besoin.

DURCET.

Voyez.

VERSAC.

Tâchez.

CALLIDÈS.

Courez.

FURET.

                                Ah ! l'attaque est trop vive,
Je cede : mais, au moins, empêchez qu'il écrive ;
Et, tenez, même ici, j'ose en risquer l'aveu,
Pour bien faire, il faudroit l'astreindre à parler peu :
Car il ne finit pas, & parle, Dieu sait comme !
Faites qu'il soit muet, & j'en fais un grand homme.

CALLIDÈS.

Faire taire un bavard ! oh ! c'est trop exiger.

FURET.

C'eft ma claufe.

CALLIDÈS.

A propos, c'eft le cas d'y fonger...

VERSAC.

A quoi? dites-nous donc?

DURCET.

Hé bien!

CALLIDÈS.

Ce bon Arifte
Vit dans fon cabinet; il eft pauvre, il eft trifte.
Il a fait des écrits qui font affez goûtés,
Et qui, lorfqu'on voudra, lui feront conteftés.
Sans entours, fans appui, tapi dans fon afile,
Sa réputation lui devient inutile.
Ce qui n'eft rien pour lui, pour l'autre eft un tréfor:
Il faut en difpofer en faveur de Mondor.

VERSAC.

Point d'inconvénient à cela.

DURCET.

Nul.

FURET.

De grace.....

VERSAC.

Le trait eft lumineux!

CALLIDÈS.

Furet, un peu d'audace.

Nous le dirons ; d'abord , on nous démentira :
Nous le répéterons , & puis on nous croira.

FURET.

Je ne réponds de rien.

CALLIDÈS.

Moi, de tout.

FURET.

Il m'enflamme !
C'est Platon qui me parle , il m'a transmis son ame.
Vers l'immortalité Mondor fait un grand pas :
Oui, notre homme est sauvé ; mais qu'il ne souffle pas.

CALLIDÈS.

Je sens bien , comme vous , qu'il faudra l'y contraindre.

FURET.

Des oisifs, tant qu'on veut ; mais les sots sont à craindre.

CALLIDÈS. (*Ici Callidès s'assied, &*
ils se rangent tous autour d'un Bureau.)

Passe pour celui-ci. Çà, parlons, à présent,
Sur un point qui pour nous est plus intéressant.
L'amour-propre est par-tout. Grace à notre artifice,
Dans le cœur le plus dur la louange se glisse :
Elle y coule, s'étend, l'épanouit enfin.
Quand il est bien loué, l'hébêté se croit fin.
Mais, en louant les uns, on révolte les autres ;
Je m'y suis attendu. La Secte a ses Apôtres ;
Elle a ses ennemis ; il faut nous en venger,
Et faire repentir qui nous ose outrager.

Egoïftes humains, perfécuteurs paifibles,
Vous qui brillez, fur-tout, par les incompatibles;
Quelques jaloux obfcurs fe gliffent dans Paris,
Et j'apporte à vos yeux la table des Profcrits.

D U R C E T.

Lifez, nous fommes prêts, & Brouffin même écoute.

(Brouffin fe rapproche de Callidès.)

C A L L I D È S.

Le Rimeur Alcidas.

F U R E T.

Je fais qu'il nous redoute.

C A L L I D È S.

Il flotte, il tergiverfe, on prétend qu'il eft doux :
Il n'eft pas contre nous, mais il n'eft pas pour nous.

D U R C E T.

Vite, le crayon noir.

V E R S A C, *(d'un air diftrait, & écrivant.)*

La tiédeur eft coupable.

C A L L I D È S.

Ergafte.

D U R C E T.

Comment donc il nous courtife ?

C A L L I D È S.

Fable.

Je fais qu'il voit les gens que nous avons notés.
C'eft un efprit, diffous dans les frivolités,
Incapable d'effor, infenfible au fublime,

Ayant l'air d'ignorer le prix de notre eſtime.

DURCET.

Puni comme infracteur. Après? Qui?

CALLIDÈS.

Dorvilé.

Il vient de réuſſir, ſans m'en avoir parlé.

(*Brouſſin commence à dormir aſſez profondément, & laiſſe aller ſa tête ſur l'épaule de Callidès.*)

CALLIDÈS (*continue.*)

Ces fraudes-là, Meſſieurs, tirent à conſéquence,
Et la ſociété doit en tirer vengeance.
Il faut faire un exemple, & qu'on ſache, à jamais,
Que nous poſſédons ſeuls le tarif des ſuccès.

FURET.

Et les autres?

CALLIDÈS.

Des ſots, des plaiſans déteſtables.

VERSAC.

Pour les plaiſans, ſur-tout, ſoyons inexorables.

CALLIDES.

C'eſt peu que leur pays s'arme pour les punir ;
De l'Univers ſavant il faudra les bannir.
Vous, l'Abbé, dont la plume à tout eſt endurcie,
Ameutez Péterſbourg & ſon Académie.
Dépéchez ce Journal, encor trop indulgent,
Où la haine voyage, & croit en voyageant.
Employons, à l'envi, pour ſervir ou pour nuire,

L'art de la Prônerie, & l'art de la Satyre.

Verſac, pour l'Italie il nous faut un Pamphlet,

Deux mots dans l'Inde, auſſi, feroient un bon effet.

L'intrépide Furet, dont la haine a des ailes,

D'un hémiſphere à l'autre enverra vingt libelles.

Brouſſin.. maudit dormeur.. Brouſſin, réveillez-vous.

Il a le ſommeil dur; conſpirez avec nous.

BROUSSIN, *(ſe réveillant & ſe levant.)*

Moi, je ſuis toujours prêt; me voilà. Je conſpire.

CALLIDÈS.

Il faut parler contre eux, contre eux il faut écrire.

Faites-les promptement haïr des Electeurs.

Quant à moi, mes pinceaux ne feront point flatteurs.

J'ai des facilités, je le dis ſans myſtere,

Pour les faire abhorrer dans toute l'Angleterre.

Ces attentions-là, ces moyens innocens,

Dans l'Univers entier nous font des partiſans.

Cela n'empêche pas, que, toujours pleins de zele,

Nous ne vantions par-tout l'union fraternelle,

La paix, la douce paix, ſeul tréſor des humains,

Le contrat ſocial, & ſes nœuds les plus ſaints.

Tels ſont mes ſentimens: vous connoiſſez, du reſte,

Les vœux d'une ame ſimple & d'un eſprit modeſte.

Dans cette circonſtance il faut ſe déchaîner;

Mais, ſi l'on nous admire, il faudra pardonner.

DURCET.

Tandis qu'il nous parloit, ſoit dit ſans hyperbole,

J'ai cru voir ſur ſon front rayonner l'Auréole.

CALLIDÈS, (*à ces mots, court embraffer Durcet, & ils reſtent quelque tems dans les bras l'un de l'autre.*)

VERSAC.

Charme de l'union! quel grouppe! il m'attendrit.

BROUSSIN, (*les lorgnant.*)

Diable! le bel effet!

FURET.

Ce n'eſt rien que l'eſprit,

Sans la bonté du cœur!

CALLIDÈS, (*ſortant des bras de Durcet.*)

C'eſt ce que j'allois dire.

FURET.

C'eſt un Ange!

VERSAC.

Il m'étonne!

DURCET.

Il mérite un Empire.

(*à Brouſſin.*)

N'en convenez-vous pas?...

FURET.

Vous ne répondez rien.

BROUSSIN.

Hem! qu'eſt-ce? hem! j'entends mal; mais je comprends fort **bien.**

SCENE IV.

Les mêmes, Madame DE NORVILLE, DORCI pere, (entrant par deux côtés opposés.)

DORCI pere, (*à Madame de Norville.*)

MADAME, excufez-moi fi j'ai forcé la porte.
Un valet incivil, & que le Diable emporte,
M'a dit d'un ton capable, « on ne peut entrer là. »
Il ne fait ce qu'il dit : car enfin m'y voilà.
J'ai, très-heureufement, achevé mon voyage.
Je reviens à propos : votre fille eft en âge,
Ils s'aiment, vous favez qu'ils doivent être unis,
Et je viens réclamer tout ce qu'on m'a promis.

Madame DE NORVILLE, (*aux Prôneurs.*)

Peut-être ai-je tardé : mais vous avez, je penfe,
Plutôt que de coutume, ouvert votre féance.
Vous venez, fi j'en crois votre férénité,
D'agir pour la concorde & pour l'humanité.
Quels céleftes penchans !.. vous me voyez ravie !..
Le divin Colonel m'a tenu compagnie;
Il m'a lu fon traité fur le Colimaçon :
Rien n'eft plus inftructif! quelle érudition!
Unique! il a vanté mes extraits de Chimie,
Rangé mes Papillons, parlé d'Aftronomie;
Puis, pittorefquement jetté fur un fopha,
Il s'eft mis à jouer de mon Harmonica.
J'oubliois ... fur les grains il m'a promis d'écrire.

Quels

Ah! j'attends son volume, & brûle de m'inftruire.

(*D O R C I* trépigne d'impatience.)

D U R C E T.

Que d'efprit!

V E R S A C.

Que de grace!

Madame D E N O R V I L L E.

Eh! Meffieurs, point du tout;
La figure paffable, avec un peu de goût.

(*donnant une Brochure à Callidès.*

A propos, voudrez-vous protéger cet ouvrage?
C'eft un Conte.

F U R E T.

Badin? d'un des nôtres, je gage.

V E R S A C.

Socrate étoit plaifant.

Madame D E N O R V I L L E.

Enfin, j'ai réfolu....

C A L L I D È S.

Faut-il lire, ou parler avant que d'avoir lu?

Madame D E N O R V I L L E.

Optez: mon amitié ne veut rien qui déplaife.
Un fuccès, un fuccès, & le refte à votre aife.

D O R C I *père.*

Voudrez-vous un inftant laiffer vos papillons,

Vos grains, votre muſique, & vos colimaçons,
Pour . . . . .

Madame D E N O R V I L L E.

Ma fille eſt, Monſieur, d'une extrême jeuneſſe.

D O R C I.

Seize ans . . . hem ? c'eſt mon compte.

Madame D E N O R V I L L E.

Eh! bon Dieu! rien ne preſſe.

D O R C I.

Tout preſſe pour Dorci, car il eſt amoureux.
Qui peut vous engager à retarder ces nœuds ?
Peut-on faire trop tôt un mariage utile ?
Nuls motifs de délais, & de terminer, mille.

Madame D E N O R V I L L E.

Si vous le permettez . . . . .

D O R C I.

Quoi ?

Madame D E N O R V I L L E.

Dans un autre tems,

Nous parlerons, Monſieur, de ces arrangemens.

D O R C I.

Un autre tems ! ma foi, cette lenteur m'offenſe.
Quels ſont donc, s'il vous plaît, vos propos d'importance?
Et quels ſoins, s'il vous plaît, ſont plus intéreſſans,
Que d'aimer, d'élever, d'établir ſes enfans ?
Je ne devine pas quels plaiſirs ſont les vôtres;

Mais ce font-là les miens, je n'en connois point d'autres.
J'ai défendu mon Roi, j'ai fervi mon Pays,
Et je veux maintenant le bonheur de mon fils.

C A L L I D È S.

Monfieur, en pourfuivant vos courfes militaires,
Avez-vous remarqué le progrès des lumieres ?
Acquiert-on plus d'enfemble, a-t-on des réfultats ?
Généralife-t-on ?

D O R C I.

Je ne vous entends pas.
Avec ces grands mots-là vous croyez me confondre ;
Mais, non Meffieurs, j'en ris ; c'eft, je crois, vous répondre.
(*à Madame de Norville.*)
Revenons à l'Hymen.

Madame D E N O R V I L L E.

Quelle obftination !

C A L L I D È S, (*tournant le dos.*)

L'Hymen eft fi bourgeois !

D U R C E T, (*s'éloignant.*)

Et de fi mauvais ton !

B R O U S S I N.

Ne fe fâche-t-on pas ?

D O R C I (*à Madame de Norville.*)

Ecoutez-moi, de grace . . .
Et . . .

Madame D E N O R V I L L E.

Vous n'avez point pris, & cela m'embarraffe.

DORCI (*observant les attitudes différentes*
des Prôneurs, & se levant.)

Pere trop attentif, ami trop empressé,
Dans ces lieux, en effet, je me crois déplacé.
Je suis édifié de l'humeur de vos sages ;
Peut-être, quelque jour, j'écrirai mes voyages.
Vous n'y trouverez point ce ton entortillé,
Ces faux clinquans d'esprit dont ce siecle a brillé ;
Mais la candeur, la foi, l'amitié respectable,
L'antique loyauté que l'on traite de fable ;
Un cœur toujours ouvert ; un bon & franc Gaulois,
Respectant ses devoirs, obéissant aux loix ;
Des services rendus, des mœurs héréditaires ;
L'honneur enfin, l'honneur, ce trésor de nos peres.
En attendant, Messieurs, retenez bien ceci :
J'ai vu des fous par-tout ; mais par-tout, moins qu'ici.

SCENE V.

Les mêmes, excepté DORCI.

Madame DE NORVILLE.

QU'ENTENDS-JE ! ah ! pardonnez.

CALLIDÈS.
Bon !

FURET.
Bagatelle pure !

DURCET,
Mais ce qu'il vient de dire, est, je crois, une injure.

Cela va s'ébruiter ; notre honneur eſt perdu.

VERSAC, (qui écrivoit ſur une table.)

Qu'eſt-ce que l'on a dit ?

BROUSSIN.

        Je n'ai rien entendu.

DURCET.

Ce brutal me paira.

CALLIDÈS, (à Durcet & aux autres,
avec l'air de les congédier.)

        Quel courroux vous enflamme ?
Je vais, à ce ſujet, entretenir Madame.

SCENE VI.

Madame DE NORVILLE, CALLIDÈS.

Madame DE NORVILLE.

TOUS mes ſens ſont émus.

CALLIDÈS.

        Cet orage n'eſt rien ;
Et même, j'entrevois qu'il peut produire un bien.
Refuſez votre fille au fils de ce ſauvage.
Aux eſprits animaux il doit tout ſon courage.
Un Mouſſe eſt plus pour lui qu'un Sénat de Savans,
Et jamais il n'a ſu conſulter que les vents.
Vous avez un prétexte à manquer de parole.

D iij

Madame DE NORVILLE.

Mon mari se plaindra.

CALLIDÈS.

                 Plainte vaine & frivole!
Depuis quand ces égards pour les maris grondeurs?
Il faut donner Hortense à l'un de nos Messieurs:
A Versac, par exemple ; il est plein de mérite.
Quoiqu'il ne parle pas, il ira loin & vîte.
Il fait, en ce moment, un livre universel.

Madame DE NORVILLE.

Comment ?

CALLIDÈS.

             Voilà d'où vient ce silence éternel.
Il me dit l'autre jour : » paroles hasardées,
» Sont autant de larcins qu'on fait à ses idées.

Madame DE NORVILLE.

Oh! le mot est sublime!

CALLIDÈS.

                Eh bien! décidez-vous :
C'est un Législateur qu'elle aura pour Epoux.

Madame DE NORVILLE.

La législation, & je le crains d'avance,
Pourra fort bien manquer son effet sur Hortense.

CALLIDÈS.

Cet Hymen terminé, c'en est fait, nous regnons,
Et nous tenons Paris avec vos deux maisons.

Votre main, du Parnasse ouvrira les barrieres ;
Des Licurgues naissans vous tiendrez les lisieres.
Malgré l'obscure envie, & ses traits superflus,
Nous fixerons chez vous le banquet des Elus.
Nous vous associerons à certaines séances,
Et reglerons nos choix d'après vos préférences.
Ceux que vous prônerez seront toujours divins ;
Ceux que vous proscrirez essuieront nos dédains.
Nos arrêts dépendront de votre fantaisie :
Des Socrates nouveaux vous serez l'Aspasie ;
Vous aurez, chaque soir, un travail avec nous,
Et l'Europe savante aura les yeux sur vous.
Songez-y. Que vous fait un passager murmure ?

(s'approchant d'elle, & en confidence.)

Ce mariage importe à la Littérature.

Madame D E N O R V I L L E.

Je ne veux pas pourtant, malgré mes sentimens,
Pour la Littérature affliger deux Amans,
Et ma fille, sur-tout. Je suis Epouse & Mere.

C A L L I D È S, (*avec un sourire.*)

Vous étes foible encor.

Madame D E N O R V I L L E.

J'y songerai.

C A L L I D È S, (*plus sérieusement.*)

J'espere
Que vous dépouillerez tous ces vieux préjugés,
Pour qui les grands objets sont toujours négligés.

D iv

Madame DE NORVILLE.

Venez ; dans ce moment, je ne puis rien répondre ;
Je ne discerne rien ; tout sert à me confondre :
Mais l'amour maternel ne peut être une erreur.

CALLIDÈS, (*recommençant à sourire.*)

Suivez votre raison, & craignez votre cœur.

Fin du second Acte.

ACTE III.

SCENE I.

Madame DENORVILLE (*feule, affife près d'une table couverte de Brochures, tenant un Poëme in-quarto.*)

ON voit par les effets, qu'il a fcruté les caufes.
Quel tact! oh, ce Poëme eft vraiment fort de chofes.
C'eft un fecret nouveau, je crois cela prouvé;
Racine le cherchoit, & Damon l'a trouvé.
Enfin, voilà des vers, des formes poétiques,
Et des tranfitions tout-à-fait didactiques.
Quel train cela va faire! oui, l'Auteur eft divin.
Il faut une Statue à ce jeune Ecrivain.
　　　(*elle met le finet, pofe le livre & fe leve.*)
Mais, que ne dois-je point à notre illuftre fecte!
On me cite par-tout, par-tout on me refpecte.
Tout l'efprit de la France eft ici raffemblé,
Et j'ai toujours bien dit, avant d'avoir parlé.

SCENE II.

DORCI pere, *Mad.* DE NORVILLE.

Madame DENORVILLE.

QUE vois-je? encor Dorci, tout bouffi de colere!
Dieu! quel homme illettré! que lui dire, & qu'en faire?

DORCI pere.

Hé bien, Madame, hé bien! m'en ferez-vous raison?
Souffrez-vous que chez vous on ait un pareil ton?

Madame DE NORVILLE.

Ils ont été, Monsieur, scandalisés du vôtre.

DORCI pere.

Je n'en changerai pas; il en vaut bien un autre.
Peu louangeur, mais simple, il peint la vérité.
Tant pis, s'il effarouche, & s'il n'est pas goûté.
Celui de vos Messieurs est aussi trop bisarre.
Ils parlent, Dieu me damne, une langue barbare
Et je parierois bien, qu'avec tout leur fatras,
Eux-mêmes, quelquefois, ils ne s'entendent pas.
D'ailleurs, s'ils ne faisoient que des énigmes, passe;
J'en devine par fois : mais ils sont pleins d'audace.
Qu'ils viennent sur mon bord, je les régalerai.
Il est certains égards que je leur apprendrai.
Je ne raisonne pas, moi; tout cela m'ennuie.
L'éloquence du cœur est dans la bonhommie.
Oui, le cœur, entre nous, c'est-là le meilleur lot.
Je crois qu'avec de l'ame, on n'est jamais un sot.

Madame DE NORVILLE.

Eh! Monsieur, justement, c'est par l'ame qu'ils brillent.
De traits d'humanité tous leurs écrits fourmillent.
C'est par-là qu'ils m'ont plu. De mille préjugés
Les esprits sont par eux, à la fin, dégagés.
La vérité tardive est au moins apperçue;

De tous les droits de l'homme on connoit l'étendue.
Ils ont l'heureux talent & le rare fecret,
De faire tout aller du fond d'un cabinet.
En dépit des clameurs, contre eux fi peu fondées,
Dieu-merci! nous touchons au regne des idées.
C'eft un champ vafte & noble où l'on peut moiffonner,
Et, de mon boudoir, moi, j'apprends à gouverner.
Nous préferve le Ciel de voir l'intolérance
Vouloir inquiéter leur fage indépendance!
Qu'ils foient libres, chéris, opulens & fêtés,
Vous les verrez, par-tout femant les vérités,
Détruire les abus, écarter les orages,
Faire fleurir la paix, encourager les fages:
Mais, fi de leurs bienfaits le cours eft fufpendu,
L'efprit humain s'arrête, & le monde eft perdu.

D O R C I pere.

Hem! ne voilà-t-il pas de leurs mots emphatiques!
Quoi que puiffent conter ces bavards dogmatiques,
Le monde ira fans eux: leur fyfteme, leur goût,
Et leur profe, & leurs vers n'y feront rien du tout.
Et puis, de ces objets croit-on qu'ils s'entretiennent?
Que tout foit renverfé; mais que vos foupés tiennent:
Ils en riront d'autant. J'ai vu dans leurs propos,
Qu'ils fentent pour leur compte & les biens & les maux.
Quant aux autres, néant… Ah çà, quittons les nues,
Les hautes régions ne me font pas connues;
Defcendons aux devoirs plus rapprochés de nous.
Soyez douce, indulgente; en un mot, foyez vous.

Je vous vis autrefois, tout auſſi raiſonnable,
Et votre eſprit, moins grave, en étoit plus aimable.
Envoyez promener tous vos Êtres penſans,
Et leurs beaux entretiens, par fois vuides de ſens.
Mariez votre fille avec mon fils qui l'aime;
Cet Hymen leur convient, il convient à vous-même.
Norville a de l'humeur, ces nœuds vont la calmer;
Et ces deux chers enfans, comme ils vont vous aimer!
Vous verrez leur bonheur, leurs tranſports, leur ivreſſe.
Tenez, d'avance, moi, j'en pleure de tendreſſe.
Enſemble nous vivrons comme d'anciens amis,
Sans gêne, ſans débats, ſur-tout ſans beaux eſprits.
Laiſſons-les tous, courant après quelqnes bluettes,
Importuner l'Etat de leurs doctes ſornettes.
Nous, ſongeons au ſolide; il faut tenir aux ſiens.
Je crois qu'on n'eſt heureux, qu'à force de liens.
Vos gens les rompent tous; je veux qu'on les reſſerre.
De leur ſublimité nous avons bien à faire!
Il nous faut du bonheur, rien qui ſoit compaſſé,
Et des plaiſirs, ſur-tout, pour un âge avancé.

Madame DE NORVILLE, (*d'un ton froid & tranquille.*)

Pour les mœurs d'autre fois, vous étes plein de zele,
Et vous venez d'en faire un tableau très-fidele,
Méme aſſez pathétique.

DORCI.

Hé bien, vîte, un aveu.

Madame DE NORVILLE.

Un moment, s'il vous plaît. Comme vous prenez feu!

Quoi, fans nul examen, faut-il qu'on fe décide ?

DORCI.

L'examen eft de trop, lorfque le cœur nous guide.

Madame DE NORVILLE.

Il faut, avant d'agir, penfer très-mûrement.

DORCI.

Il faut, fans y penfer, agir par fentiment.

SCENE III.

Les mêmes : UN VALET, (*apportant une lettre.*)

Madame DE NORVILLE.

JE voulois être feule. Hé bien ! qu'eft-ce ?

LE VALET.

Une lettre,
Que bien difcretement on vient de me remettre.

Madame DE NORVILLE.

Cette Piece… il eft tard… que mes chevaux foient mis.
(*parcourant la lettre.*)
J'y puis être affez tôt pour la fin . . . . . je frémis ! . . .
(*à Dorci.*)
Permettez-vous ?

DORCI.

Je fors, mais dans la confiance,
Que je verrai l'Hymen de mon fils & d'Hortenfe.
Adieu ; Norville attend, & je vais l'affurer
Que j'ai tout obtenu, qu'il peut tout préparer.

SCENE IV.

Madame DE NORVILLE, (*seule, lisant la lettre.*)

» MADAME, prenez garde : on cabale, on intrigue,
» Et contre nos amis il se forme une ligue.
» Le génie est en butte à tant de détracteurs !
» Quiconque veut le bien, a cent persécuteurs.
» L'homme est épouvanté du rayon qui l'éclaire ;
» On n'aura qu'ébauché le bonheur de la terre.
» De ce que je saurai, j'irai vous avertir :
» A tout évenement, comptez sur un martyr. »
Nelson... Ciel ! qu'ai-je lu ! quel avis ! quel supplice !
Ah ! pour mes pauvres nerfs voilà de l'exercice !
On ne peut donc pas être utile impunément !

SCENE V.

Madame DE NORVILLE, CALLIDÈS,

Madame DE NORVILLE.

VITE, approchez ; lisez, & calmez mon tourment.

CALLIDÈS, (*prenant le billet.*)

Bagatelle ! écoutez, & tâchez de comprendre......
Le fleuve se répand ; mais la source, où la prendre ?
Nous ne faisons point corps : unis ou sans liens,
De l'univers entier nous sommes citoyens.
Nulle part, & par-tout. Un art trop légitime

Nous étaye au besoin de l'utile anonyme.
D'une ombre favorable on fait s'envelopper,
Pour servir des ingrats , & pour leur échapper.

(lui rendant le billet , & lui voyant du trouble.)

Quoi! toujours alarmée! un tel effroi m'offense.
Tout ira, le jour naît, la vérité s'avance.
Oui, oui, Messieurs les sots, il faudra, s'il vous plaît,
Que le monde s'éclaire, en dépit qu'il en ait.
Eh! ne voyez-vous pas que pour nous tout conspire?
La sagesse dicta ; nous n'avons fait qu'écrire.
Nous protégeons les Grands , protecteurs autrefois.
Les bords les plus lointains sont régis par nos loix.
Des climats opposés où nos pareils abondent,
De la célébrité les échos se répondent ;
Et , quand nous le voulons , notre zele hardi
Fait prospérer le nord aux dépens du midi.

Madame D E   N O R V I L L E.

Pardon.... je me livrois à des craintes vulgaires.
Qui? moi! moi! par vous-même admise à ces mysteres!
Je sens que je devrois tomber à vos genoux.
Mes yeux s'ouvrent enfin.

C A L L I D È S.

                        Allons , remettez-vous.
Vous savez tout entendre, & l'on peut tout vous dire.
Le célebre Uranis vient encor de m'écrire
Une lettre pour Stell, l'autre, contre Damis.
Il fait même au-delà de ce qu'il a promis.
Pour l'intérêt commun tout veut qu'on l'aiguillonne :

Je tiens les clefs du Temple, il en eſt la colonne.
Vieilli ſous les lauriers, & courbé ſous leur faix,
Laſſant la Renommée, à force de ſuccès,
Pour nous, de ſon crédit, il faut bien qu'il diſpoſe,
Et que ſa gloire, au moins, nous ſerve à quelque choſe.
Preſque tous les dix jours, d'après mon Gazetin,
Il prononce, en riant, les arrêts du Deſtin.
De mes intentions il veut que je l'inſtruiſe :
Mon cœur forge les traits ; ſon eſprit les aiguiſe.
Grace à moi, l'enchanteur eſt par-tout notre appui :
Il a l'air de regner, & nous regnons par lui.
Quel plaiſir d'exercer ſon ame bienfaiſante !
Nous dreſſons le Théâtre où lui ſeul repréſente.
Sa main, pour nous guider, tient encor le flambeau,
Et notre Autel s'éleve au bord de ſon Tombeau.
C'eſt ainſi que j'employe, au ſervice des nôtres,
La baſſeſſe des uns, & la grandeur des autres.
Les hommes,.. j'en rougis, tenez, ſans tout cela,
On ne finiroit rien avec ce troupeau-là.
Auſſi, tous ces reſſorts entrent dans mon ſyſtême.

(*montrant les deux lettres.*)

Voici l'apothéoſe, & voici l'anathême.

Madame DE NORVILLE.

L'une & l'autre ont leur prix.

CALLIDÈS.

Hélas ! pour la rigueur,
Puiſſiez-vous voir combien il en coûte à mon cœur !

Madame

Madame DE NORVILLE.

Vous avez de ces mots qui vont tout droit à l'ame,
Et mon émotion . . .

CALLIDÈS.

Vous fentez bien, Madame;
Qu'entre-nous deux ceci doit être renfermé.
Redoutez Célimene, & Bélife, & Fatmé.

Madame DE NORVILLE.

Elles font mes fléaux. . . . Bavardes éternelles . . .

CALLIDÈS.

C'eft que ces vérités font trop fortes pour elles.

Madame DE NORVILLE, (*fonnant.*)

Ah çà, vous n'allez point voir cette nouveauté?

CALLIDÈS.

Dieu m'en préferve !

Madame DE NORVILLE.

Oh! non, on s'en étoit douté,

CALLIDÈS.

Pour Verfac, à propos, êtes-vous réfolue ?

Madame DE NORVILLE.

Cette affaire, entre nous, n'eft pas encore conclue,
Mais, fi vous l'exigez, il faudra bien céder.
Après cet entretien, je dois tout accorder.

CALLIDÈS.

N'oubliez pas non plus . . .

E

Madame DE NORVILLE.

Comment ? qui donc ?

C A L L I D È S.

Bathile.

Il eſt ſans frein, ſans mœurs ; mais il aura du ſtyle.

Madame DE NORVILLE.

Il eſt ſi confiant & ſi préſomptueux !

C A L L I D È S.

Je ſuis dans le ſecret ; eh ! Madame, tant mieux.
Le public peu ſévere, en diſpenſant la gloire,
Ne croit vraiment qu'à ceux qui s'en ſont fait accroire ;
Et puis d'ailleurs, l'orgueil, mobile des vertus,
Eſt d'obligation, d'après nos inſtituts.
J'en uſe avec ſuccès au profit de la Secte :
Il faut qu'elle en impoſe, afin qu'on la reſpecte.
Regardez Dorilas, au front grave & hautain.
Où donc en ſeroit-il, s'il n'eût pas été vain ?
Lui-même il ſe mépriſe, & le public, peut-être,
Alloit en faire autant . . . . il s'en eſt rendu maître.
Ce public, à préſent, conſacre ce qu'il dit :
C'eſt, à force d'orgueil, qu'il s'eſt mis en crédit.

(*avec un air de confiance.*)

Revenons. Ce Bathile eſt conforme à nos vues ;
Le Ciel, pour nous ſervir, l'a fait tomber des nues.
Il écrit, tant qu'on veut, pour, ou contre, & très-bien.
'n vrai goût qui chancele il eſt le ſeul ſoutien.
D   ʹire ? s'il perſiſte à nous vendre ſa plume,
Que ɩ

Eſt-il juſte qu'en vain pour nous il ſe conſume ?
Oh ! non, ſans répugnance, on ne peut y penſer ;
Et... c'eſt un bon valet qu'il faut récompenſer.

(Ici Finette & Hortenſe entrent.)

Madame DE NORVILLE.

Vous me perſuadez, & je ſuis ſans défenſe :
Le moyen de tenir contre tant d'éloquence !
Que nos Littérateurs ſont heureux, entre nous,
D'avoir un chef, un juge, un ami tel que vous !

SCENE VI.

HORTENSE, FINETTE, *les mêmes.*

Madame DE NORVILLE.

(*à Finette.*)   (*à ſa fille.*)

Mon éventail, mes gants... quoi, vous rêvez, je penſe ?

(lui donnant le Poëme.)

Ceci peut occuper le tems de mon abſence.
Pour vous former le goût, cet écrit ſemble fait ;
Et même il ſeroit bon de m'en faire un extrait.

(elle ſort, Callidès lui donne la main.)

E ij

SCENE VII.

HORTENSE, FINETTE.

FINETTE.

Quoi! vous ne lifez pas ?

HORTENSE.

Je n'en ai nulle envie.

FINETTE.

Effayez.....

HORTENSE.

Laiffe-moi.

FINETTE, (*prenant le livre.*)

C'eft de la Poéfie,
Rimée encor.

HORTENSE.

Finis.

FINETTE.

Allons : puifqu'après tout,
Vous n'êtes pas d'humeur à vous former le goût,
Félicitez-moi donc fur ma nouvelle adreffe.
Lorfque j'agis pour vous, partagez mon ivreffe.
Madame dans le piége a donné, Dieu merci,
Et, comme je voulois, l'Epître a réuffi !

HORTENSE.

Courage ! applaudis-toi.

FINETTE.

> Vous eſt-elle connue?

HORTENSE.

Mon Dieu! plus de vingt fois ma mere me l'a lue;
Mais, ſi Dorci m'aimoit, il n'auroit pas, je croi,
Fait d'auſſi jolis vers pour une autre que moi.

FINETTE, (*riant & obſervant Hortenſe.*)

Eh mais! écoutez donc ...

HORTENSE.

> Dans ces vers que j'admire,

Et que je hais, Finette, un ſentiment reſpire,
Que l'ingrat avec moi n'a jamais exprimé.
Je ne ſuis point l'objet qu'il a le plus aimé.

FINETTE.

Madame eſt ſon Hébé ... ce titre eſt légitime.

HORTENSE.

Je ne conteſte rien.

FINETTE.

> Le pourroit-on ſans crime?

Votre mere, entre nous, a beaucoup de fraîcheur,
Un grand œil qui s'explique, & qui ſuppoſe un cœur.
Sa taille eſt plus que noble, elle eſt fine & légere.
Enfin, elle eſt encor dans l'âge où l'on doit plaire;
Elle en a tout l'éclat, elle en a tous les goûts,
Et je la crois, d'honneur, auſſi jeune que vous.

HORTENSE.

Vous m'impatientez: oui, ma mere eſt fort belle;
Mais ...
E iij

FINETTE.

Dorci n'eſt qu'un fou de ſoupirer pour elle.
Pourquoi feindre ? achevez.

HORTENSE.

Je ne dis point cela.

Je dis . . . .

FINETTE.

Qu'on n'entend rien à ces Madrigaux-là.

HORTENSE.

Pourquoi de ſon talent m'avoir fait un myſtere ?
C'eſt un charme de plus qu'il n'a pas dû me taire.
Ses ſuccès ſont les miens, mon cœur en eſt flatté,
Et, malgré lui, du moins, ce plaiſir m'eſt reſté.
Oui, parmi mes chagrins . . . .

FINETTE.

Et quels encor ?

HORTENSE.

Ma mere,
Depuis ce tendre hommage, à nos vœux eſt contraire,
Ou plutôt aux miens ſeuls : elle a changé d'avis
Sur l'Hymen que Dorci promettoit à ſon fils.
Elle m'a propoſé Verſac.

FINETTE.

Ah ! Dieu ! qu'entends-je !
Le joli choix ! j'enrage, & ceci nous dérange.
Il faut vous préſerver de cet affreux deſtin :

Verſac & ſa ſéquelle y perdront leur latin.
Oui, vraiment! il leur faut des femmes agréables,
A ces francs enjoleurs plus malins que des Diables.
Je ne les peux ſouffrir : je ſuis bien moins que vous ;
Mais, je ne voudrois pas d'un Savant pour Epoux.
Eux, toujours eux, puis rien. Malgré leur excellence,
J'aime mieux reſter fille avec mon ignorance.
Je ſais . . . . . ce que je ſais, & cela me ſuffit.
On peut rire & jaſer ſans avoir tant d'eſprit.

HORTENSE.

On vient : Ciel! c'eſt Dorci.

FINETTE.

Diſſipez ce nuage.

SCENE VIII.

DORCI fils, *les mêmes.*

DORCI fils.

MADEMOISELLE, enfin, j'ai ſu vaincre l'orage,
Qui m'écarta long-tems . . . Mais quoi! quelle froideur?
Eſt-ce là de quel prix vous payez mon ardeur?
Vos yeux . . . . . .

FINETTE.

A-t-on des yeux pour les gens qu'on déteſte?

DORCI.

Elle me hait. Oh oui.

FINETTE.

> La chofe eft manifefte.
C'eft, Monfieur, (fi l'on peut vous raffurer par-là,)
Notre ftyle enchanteur qui nous vaut tout cela.
C'eft...

DORCI.

> J'entends... Ecoutez, ô feul objet que j'aime,
Excufez de mon cœur l'innocent ftratagéme.
L'ouvrage dont on parle, eft d'un autre que moi.
Oui, c'eft trop différer l'aveu que je vous doi.
Il n'étoit qu'un moyen, fans doute, pardonnable,
De paroître en ces lieux, un objet plus aimable,
Pour venir plus fouvent jurer à vos genoux,
De ne voir, de n'aimer, de n'adorer que vous.

HORTENSE.

Finette ?

FINETTE.

> Fh! je voulois (on a l'art de fe taire,)
Vous laiffer par lui-même, expliquer ce myftere.
Il s'explique fi bien!... les vers font merveilleux ;
Mais fa profe!.. oh! je crois qu'elle vaut encor mieux.

(*On entend du bruit derriere le Théâtre. Finette y court.*)

HORTENSE, (*à Dorci.*)

Quoi! j'ai pu... pardonnez...

FINETTE, (*toute effrayée, & revenant.*)

> Que mon ame eft troublée!
De nos Savans voici la falle d'Affemblée.

S'ils alloient y venir! ils ignorent le prix
De ces momens furtifs que l'amour a furpris;
Ils ignorent le prix d'un foupir qui s'échappe,
D'un regard qu'on obtient, ou d'un mot qu'on attrape.
Que fais-je? apparemment ils ignorent auffi
Que par-tout on les hait, & que l'on s'aime ici.
Oh! nous fommes perdus, & je crois les entendre.

DORCI.

Jufte Ciel!

HORTENSE.

Cher Dorci, s'ils alloient nous furprendre!
Laiffez-moi.... je le veux.

DORCI.

Puis-je vous obéir?

HORTENSE.

S'ils nous voyoient enfemble, ils iroient nous trahir.

FINETTE, (*les féparant.*)

Ils n'y manqueroient pas.

(*Ils fortent. Finette refte.*)

SCENE IX.

LES PRONEURS, FINETTE.

DURCET.

L A friponne eft jolie!

BROUSSIN, (*la lorgnant.*)

Une taille à la grecque!

DURCET.

Un air qui fait envie.

FINETTE, (*s'en allant.*)

Miséricorde ! il lorgne !

DURCET, (*la retenant.*)

Et pourquoi vous presser ?
On peut, si vous voulez , vous apprendre à penser.

FINETTE.

Moi ! non pas, s'il vous plaît. Voyez le bon Apôtre !
Je pense à ma maniere, & ce n'est point la vôtre.
Je la respecte trop.

VERSAC.

Ce ton est cavalier !

FINETTE, (*à part, & en s'en allant.*)

Il faut que je leur joue un tour de mon métier.

BROUSSIN (*la lorgnette à la main, la suit jusques
dans la coulisse.*)

***

SCENE X.

Les mêmes, excepté FINETTE.

BROUSSIN.

*E*T *fugit.*

CALLIDÈS.

Un minois suffit pour le séduire......

(*Il les rassemble mystérieusement autour de lui.*)
Mais j'approfondis, moi, tout ce qui peut vous nuire.
Souvent un maître aveugle, épris des grands talens,
A des valets sans goût, qui sont très-insolens.
Que l'on écrive, ou non, pour les races futures
Ces coquins-là s'en vont épiant vos allures,
Et, sans le moindre égard pour le docte Vallon,
L'antichambre flétrit les lauriers du Sallon :
Les Soubrettes sur-tout !.. race oisive & félonne,
Dont la langue vous pique, & dont l'œil vous talonne.
Ecoutez : celle-ci voudroit vous voir chasser,
Et je pense qu'on peut aider à l'expulser.

BROUSSIN.

Vous complottez ; mais, moi, quand elles sont gentilles,
Je veux qu'on soit, du moins, tolérant pour les filles.
J'écrirai là-dessus . . . .

VERSAC, (*sortant d'une profonde rêverie, & écartant tout le monde par ses gesticulations.*)

      Amis trop généreux,
Mon livre est achevé, l'univers est heureux.
Licurgue, porte ailleurs ton austérité sotte :
Tu fus Législateur beaucoup moins que Despote.
Rougis, pauvre Solon, & toi, Justinien,
Ton Code insuffisant est détruit par le mien.
Mon titre est noble & vaste : *éternelle Harmonie !*
Ou, si vous l'aimez mieux : l'*Univers du Génie.*
J'assujettis le sol, les esprits, les climats,
Et les feux de la ligne, & l'horreur des frimats.

Cette main défricha des régions incultes,
Et l'on pourroit noyer tous les Jurisconsultes,
Sans que leur perte en rien fût nuisible aux mortels.
Je leur donne des loix ; j'en attends des autels.
Oui, j'ai fait un corps sain, d'un corps foible & malade.
Un Village, un Royaume, une simple Peuplade,
Tout est réglé, conduit par le même ressort.
C'est un mouvement doux, qui, donné sans effort,
S'accroit, se communique, &, comme par magie,
Fait circuler une ame, augmente l'énergie,
Chasse & pousse au dehors les vices clandestins ....
Et voilà ce qui fait le bonheur des humains !

DURCET.

Quel plan ! comme il est net ! quel trésor pour la terre !

CALLIDÈS.

Pour laisser admirer, si vous vouliez vous taire.
Comme si, d'un coup d'œil, & d'un esprit distrait,
On pouvoit embrasser un aussi vaste objet ! ...

    (*à Versac, après un long silence.*)

Mais, j'y suis, je vous tiens : chaîne immense & suivie !
Oui, vous avez saisi le principe de vie,
Ces masses, ces accords d'où résulte le beau.
Cet écrit est vraiment marqué de notre sceau.

(*Quoique Versac ne parle plus, Broussin a toujours
l'air d'écouter, & continue ses gestes de satisfaction.*)

SCENE XI.

DORCI pere, (*entrant tout bouffi de colere.*) Les mêmes.

D O R C I pere, (*criant très-haut, &*
interrompant l'enthousiasme de Broussin.)

C'EST encor moi, Messieurs; quand on doit, on s'acquite,
Et vous allez savoir d'où vous vient ma visite.
J'apprends que l'un de vous, ce n'est plus un secret,
Veut épouser Hortense : alte-là, s'il vous plait.
Une telle noirceur, sans doute, est littéraire.
Dissertez sur ce point, ce n'est pas mon affaire.
Je dois la prévenir, par devoir, par pitié.
Dorci vous admiroit, l'en voilà bien payé !
Hortense, de tout tems, à ses vœux fut promise;
Ses garants sont l'honneur, l'équité, la franchise :
De tels droits sont sacrés, & je ne prétends pas
Que vous disiez un mot, que vous fassiez un pas
Pour troubler un Hymen auquel je m'intéresse.
Le Célibat convient & sied à la sagesse.
Régentez l'univers, d'accord ; à vous permis ;
Mais ne vous mêlez pas des amours de mon fils.
Tenez, cela vous passe. Il doit, en conscience,
Sur un pareil article avoir la préférence.

   à Callidès.)

Vous, l'auteur du complot, homme illustre & profond,
Tréve aux préparatifs, ou je vous coule à fond.

Tous vos in-folio font une arme peu sûre.

(*porttant la main à fon épée.*)

Moi, voici mon génie & ma littérature.

CALLIDÈS.

Tâchez de vous raffeoir : voyons, réfléchiffons ;
Tous ces emportemens ne font pas des raifons.

DORCI pere.

Comment, réfléchiffons! ce flegme eft admirable.
Je ne réfléchis point; je fuis inexorable.
Croyez-vous me ftyler à vos combinaifons ?
Je veux des procédés, & non pas des raifons.
Morbleu, s'ils m'avoient fait un tour de cette efpece,
J'aurois exterminé les fept fages de Grece !

CALLIDÈS, (*avec un rire dédaigneux.*)

Il faut donc . . .

DORCI pere.

Être jufte. Oui , fans trop différer ,
Je vous laiffe un inftant pour en délibérer.

(*Il fort , les Prôneurs fe moquent de lui. Il fe retourne
avec fureur, & ils reprennent l'air férieux.*

SCENE XII.

Les mémes, excepté DORCI pere.

BROUSSIN.

QUOIQU'IL parle un peu bas,& qu'on n'ait pu le fuivre,
Je gage que cet homme eft difficile à vivre.

CALLIDÈS, (*avec tranquillité.*)

Nul goût, pas une idée, aveuglement total!
Automate étranger dans l'univers moral!

DURCET.

Ah çà, voici l'inftant, où de la Comédie
De Monfieur Floridor le deftin s'expédie.
Sa chûte eft infaillible; il ne peut échapper :
Des pieges de la mort j'ai fu l'envelopper.

VERSAC.

Bon.

DURCET.

Nous avons pour nous de braves Emiffaires,
De ces gens exercés, Cabaleurs honoraires.
Que feroit-ce de nous, s'il alloit réuffir ?
Ils ne le lâcheront qu'à fon dernier foupir.

SCENE XIII.

FINETTE, *les mêmes.*

FINETTE.

Ah! Meffieurs, favez-vous ?

DURCET.

Quoi ?

FINETTE.

La piece nouvelle.

Le bruit eft général.

CALLIDÈS.

Quel bruit ? réuffit-elle ?

FINETTE.

On vient de la huer à triple carillon.
L'Auteur s'eft, dans fa loge, évanoui, dit-on,
Même, on dit qu'il eft mort; les connoiffeurs en chûte
Ne fe rappellent point pareille culebute,
De mémoire d'Auteur. Le Parterre inhumain,
Par excès de malice, a voulu voir la fin.
Ce pauvre Floridor.

DURCET.

Ta pitié nous irrite.
Poëte fans chaleur, Ecrivain fans mérite,
Efprit enluminé de la couleur du tems,
Sans avoir un fuccès, il écriroit cent ans.

CALLIDÈS.

Le voilà donc tombé !

VERSAC.

L'excellente Epigramme !

CALLIDÈS.

Cela rit à l'efprit,

DURCET.

Et fait plaifir à l'ame.

FINETTE.

Je vois qu'à ma nouvelle on prend affez de goût;
Mais, Meffieurs, je vous trompe, & ne fais rien du tout.

VERSAC.

Ciel !

CALLIDÈS.

Qu'entends-je ?

(*Finette s'enfuit.*)

SCENE

SCENE XIV.

Les mêmes, excepté FINETTE.

DURCET.

Un atôme, avoir cette impudence!
Il faudra châtier cet excès d'insolence.

VERSAC.

Que fait-on? de ce coup je suis tout étourdi.

CALLIDÈS, (*avec la plus grande aigreur.*)

Si ce bourreau d'Auteur alloit être applaudi!

DURCET

J'ai mis ordre à cela. Non, il aura beau faire.

CALLIDÈS, (*avec sensibilité.*)

On vous reconnoît là. C'est un trait de Confrere.

VERSAC.

Le fade ou le bouffon, tout prospere aujourd'hui.
Le Public fait d'abord expier son ennui;
Mais, dès le lendemain, il vient crier merveille,
Et proclamer l'Auteur qu'il a sifflé la veille.

DURCET.

Celui-ci ne verra le jour qu'un seul instant:
Son désastre est pour nous un point trop important.

F

SCENE XV.

FURET, *les mêmes.*

DURCET.

Furet... la Piece... hé bien ?

FURET.

> Quelle horrible aventure!

VERSAC, *(à Durcet.)*

Mais ceci, ce me semble, est d'un sinistre augure!

FURET *(s'appuyant sur Dorcet.)*

Laissez-moi raffermir mes esprits effrayés...
Plus de foi, plus d'honneur! c'est nous qu'on a joués.

CALLIDÈS.

Nous ?

FURET.

Voilà le secret.

DURCET.

O fureur !

VERSAC.

> O détresse !

O!.....

FURET.

Nous faisons tout net le sujet de la Piece.
Nous y sommes parlans ; aucun n'est épargné...
Il faut voir de quel ton Callidès est berné !

Brouſſin, tout de ſon long, y tranſit dans ſa niche;
Mon nom légerement court après l'hémiſtiche.
Verſac.....

VERSAC.

Déroute entiere?

CALLIDÈS.

Eh quoi! vous n'avez pu?...

FURET.

Je cabalois, morbleu; mais ils m'ont reconnu.
Alors, je ſuis reſté triſte, confus & blême.
De mes propres ſifflets, ils m'ont ſifflé moi-même.

BROUSSIN, (*voyant que Furet s'échauffe.*)
Fort bien!

FURET.

Dans l'action, nous avons tous péri.
La Piece ne vaut rien; n'importe, ils en ont ri.
Ce Parterre inſolent, vrai fléau du génie,
A manqué de reſpect à la Philoſophie.
Madame de Norville....

CALLIDÈS.

Hé bien?

FURET.

Le ſpectateur
S'obſtine à la montrer d'un doigt perſécuteur.
La cruauté s'en mêle, & ſuccede à l'éloge.
Par une volte-face on déſigne ſa loge.
On la force à ſortir, & puis, les brouhaha,

Les reflus, les cht, cht, les bravo, les holà;
Toute l'horreur enfin, tout l'effroi d'une affaire,
Où l'on ne peut fléchir le vainqueur sanguinaire.
Sages, Législateurs, l'un sur l'autre égorgés......
Dieu! qui vois leurs revers, permets qu'ils soient vengés.

CALLIDÈS, (tranquillement.)

Ils le feront.

FURET.

    Un mal ne va pas sans un autre.
Ce Forlis......

VERSAC.

Achevez.

FURET.

      Qui sembloit être nôtre,
N'est qu'un traître!

CALLIDÈS.

Comment?

FURET.

      Ce Drame qu'il a lu,
Est un vieux manuscrit, un brouillon vermoulu,
Qu'il nous a fait prôner pour nuire à notre gloire.
Il va dans tout Paris raconter notre histoire.

DURCET.

Où nous cacher?

VERSAC.

  Où fuir?

FURET.

     Rien ne nous est resté.

CALLIDÈS.

Tout.

FURET.

Quoi donc ?

CALLIDÈS.

La conſtance & la ſécurité.
(*avec audace.*)
Littérateurs François, quelle alarme eſt la vôtre ?
On nous arrache un maſque, il faut en prendre un autre.
(*Ils s'en vont.*)

BROUSSIN, (*derriere.*)

Marchons.

SCENE XVI & derniere.

M. & Mad. DE NORVILLE, HORTENSE,
FINETTE, DORCI pere, & DORCI fils,
FORLIS.

Madame DE NORVILE.

On n'a rien vu d'égal à ce train-là !
C'eſt un aſſaſſinat !... & l'on ſouffre cela ?
Voilà donc ce qu'on gagne à montrer du génie !
Quel ſupplice pour moi ! pour eux quelle avanie !
Faut-il les voir, les fuir ? que faire déſormais ?
(*appercevant M. de Norville.*)
Auroient-ils mérité ?.. c'eſt vous, Monſieur ; jamais,
A vos yeux, maintenant, je n'oſerai paroitre.

M. D E N O R V I L L E,

Pourquoi? cet accident eſt un bonheur, peut-être.
Il doit vous éclairer, & vous montrer l'erreur
De l'eſprit qui n'eſt point dirigé par le cœur.
Ma femme, on vous retient ſur le bord de l'abyme;
Et, ſi vous le voulez, je vous rends mon eſtime,
Mon amitié.

Madame D E N O R V I L L E.

Qui? vous!

M. D E N O R V I L L E.

Je n'en veux pour garant,
Que l'Hymen de ma fille & de ſon digne Amant.

Mad. D E N O R V I L L E, (*embraſſant ſon mari.*)

Tout comme il vous plaira: décidez.

H O R T E N S E.

Ah! Madame.

M. D E N O R V I L L E.

Croyez-moi; déformais, laiſſez agir votre ame.

D O R C I fils.

La mienne en ce moment.....

Madame D E N O R V I L L E.

Je fais ce que je doi.
Votre Epitre eſt charmante!

D O R C I fils, (*d'un air tremblant.*)

Elle n'eſt point de moi;
Elle eſt de Floridor, c'eſt encore une adreſſe.

Madame D E N O R V I L L E.

Ce Monſieur Floridor me pourſuit donc ſans ceſſe!

DORCI pere.

Sa Piece, à quand ? J'irai.

Mad. DE NORVILLE, (*à Forlis qu'elle apperçoit.*)

Vous, Monfieur, vous ici!

FORLIS, (*à Madame de Norville.*)

Il faut que vous daigniez me pardonner auffi ;
Car j'étois du complot.

DORCI pere, (*à Forlis.*)

Vous avez fait juftice.

(*à fon fils.*)

Allons.. voguons gaîment.. tout nous devient propice.
Pour être heureux, il faut, à fes devoirs foumis,
Vivre avec fes enfans, & chérir fes amis.

F I N.

FOUR